人生は舞台である

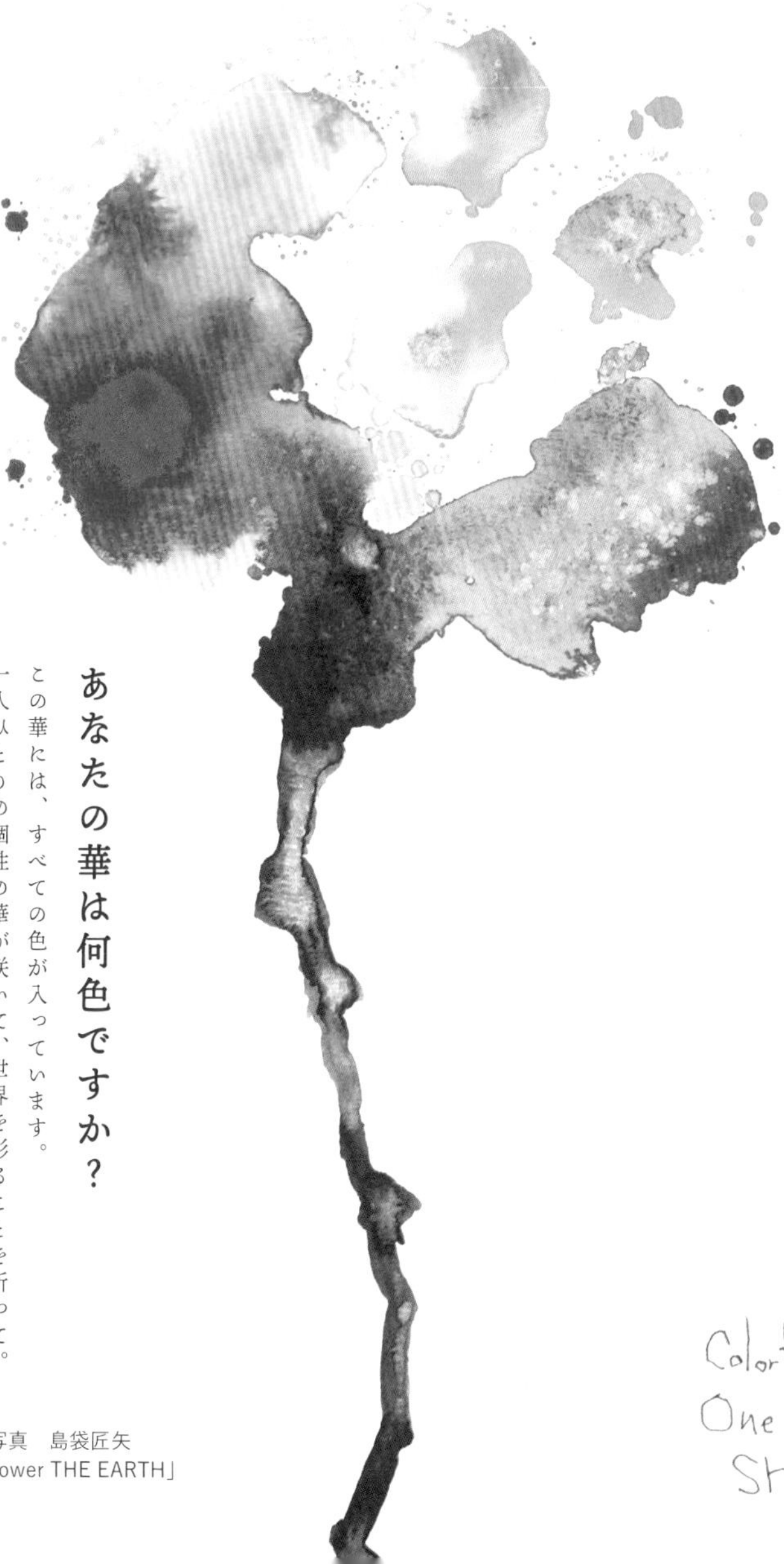

あなたの華は何色ですか？

この華には、すべての色が入っています。
一人ひとりの個性の華が咲いて、世界を彩ることを祈って。

ColorfulForest
One Flower
SHIMA.

挿絵・写真　島袋匠矢
「One Flower THE EARTH」

「行動あるのみ」が未来を切り開く

「想像」も「言葉」も大事。
でも、それだけでは十分じゃない。
だって、未来を切り開くのは「行動」でしかないのだから。

耳鼻科の国際学会にて
僕のところに留学して一緒に学んだ各国の先生たちと。
僕にとって彼らは「華」そのもの

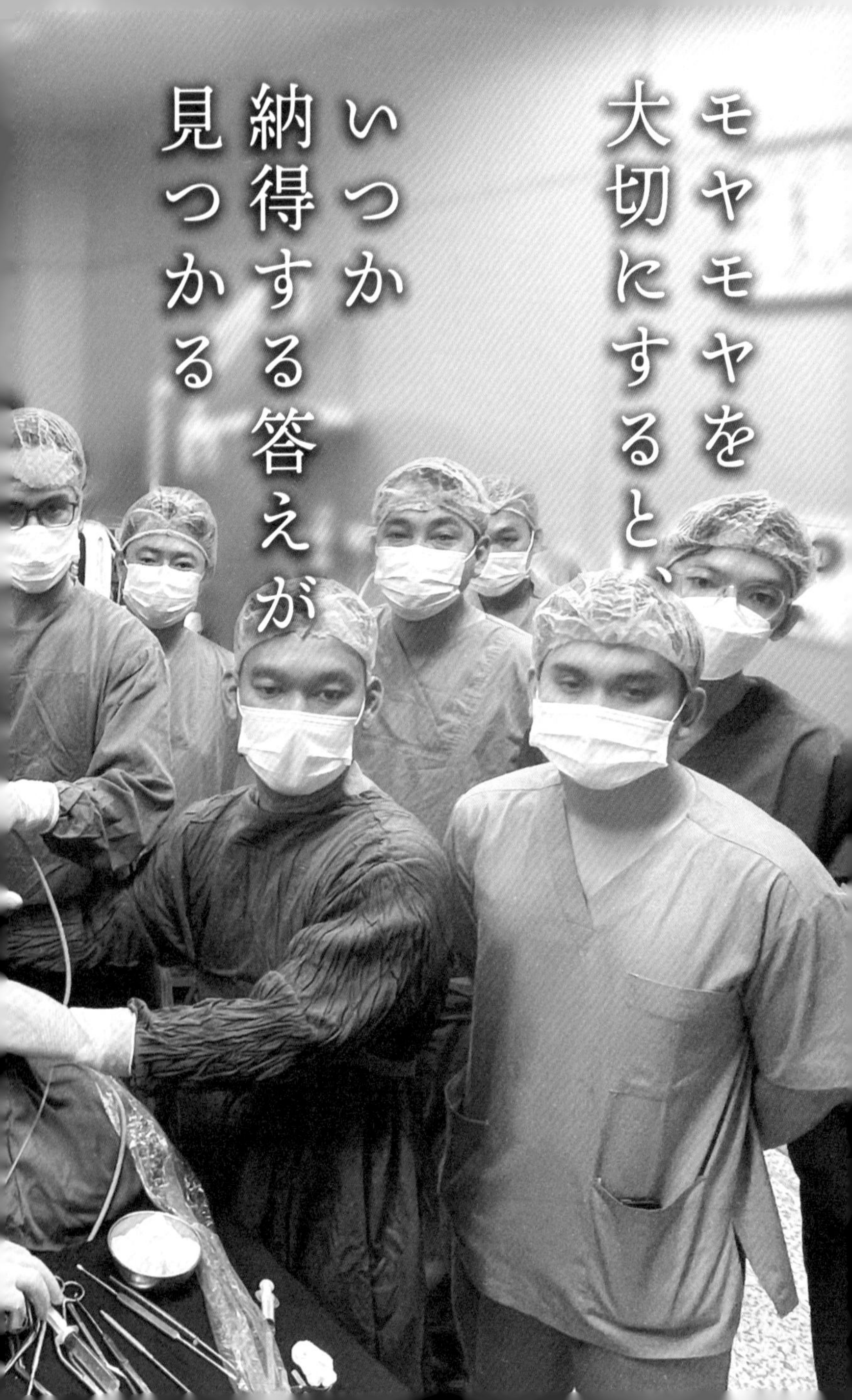
モヤモヤを
大切にすると、
いつか
納得する答えが
見つかる

モヤモヤはシグナル。
シグナルからは
絶対に目を逸らさない。

たったそれだけの
シンプルなことだ。
できる。

現地人医師のみで手術／2023 年最高難度の頭蓋底手術をカンボジアで行っているシーン

孤独な時間が
自分を成長させる

人と交わることで
得られるものがあるように、
孤独と向き合うことでしか
得られないものもある。

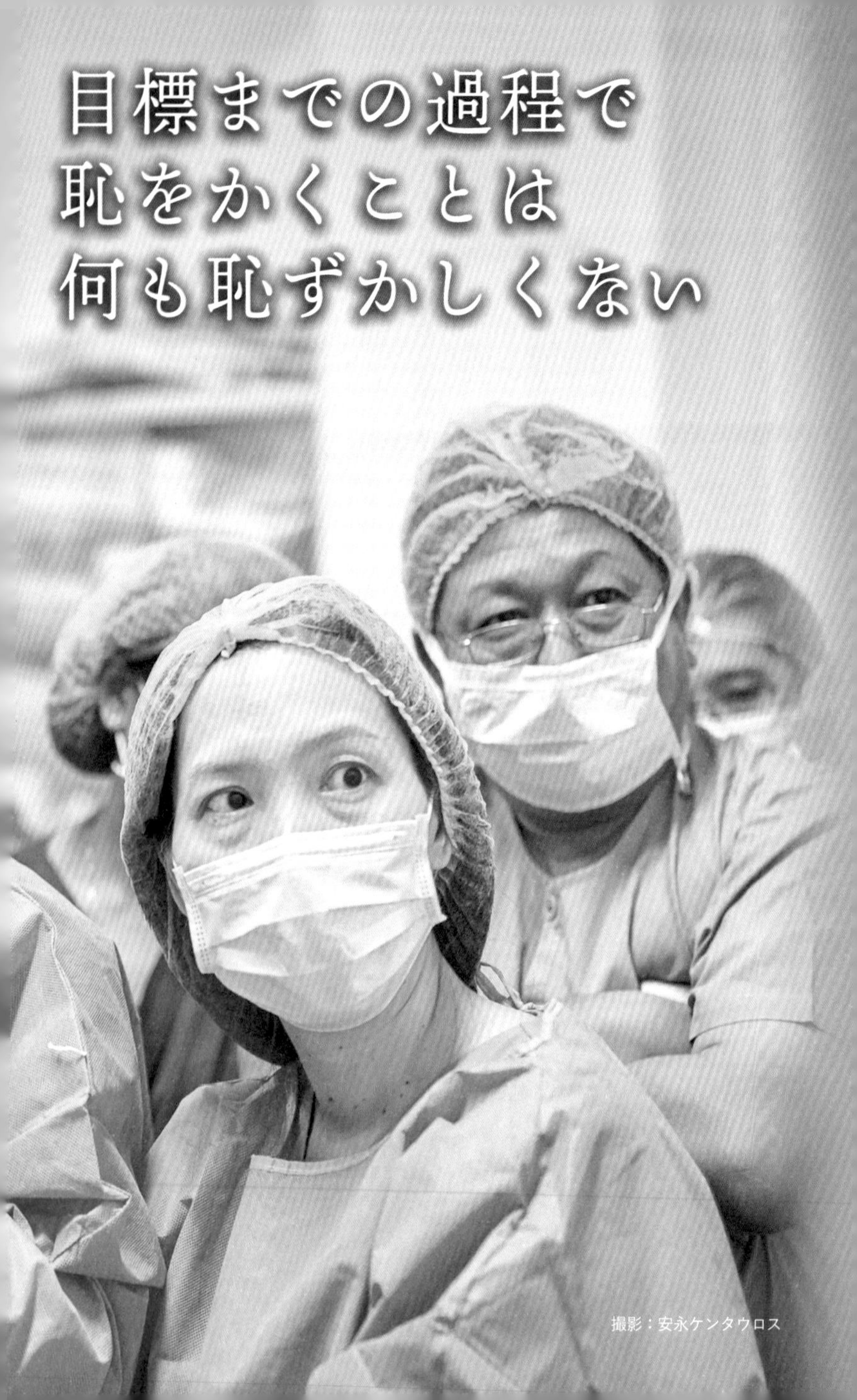
目標までの過程で
恥をかくことは
何も恥ずかしくない

撮影：安永ケンタウロス

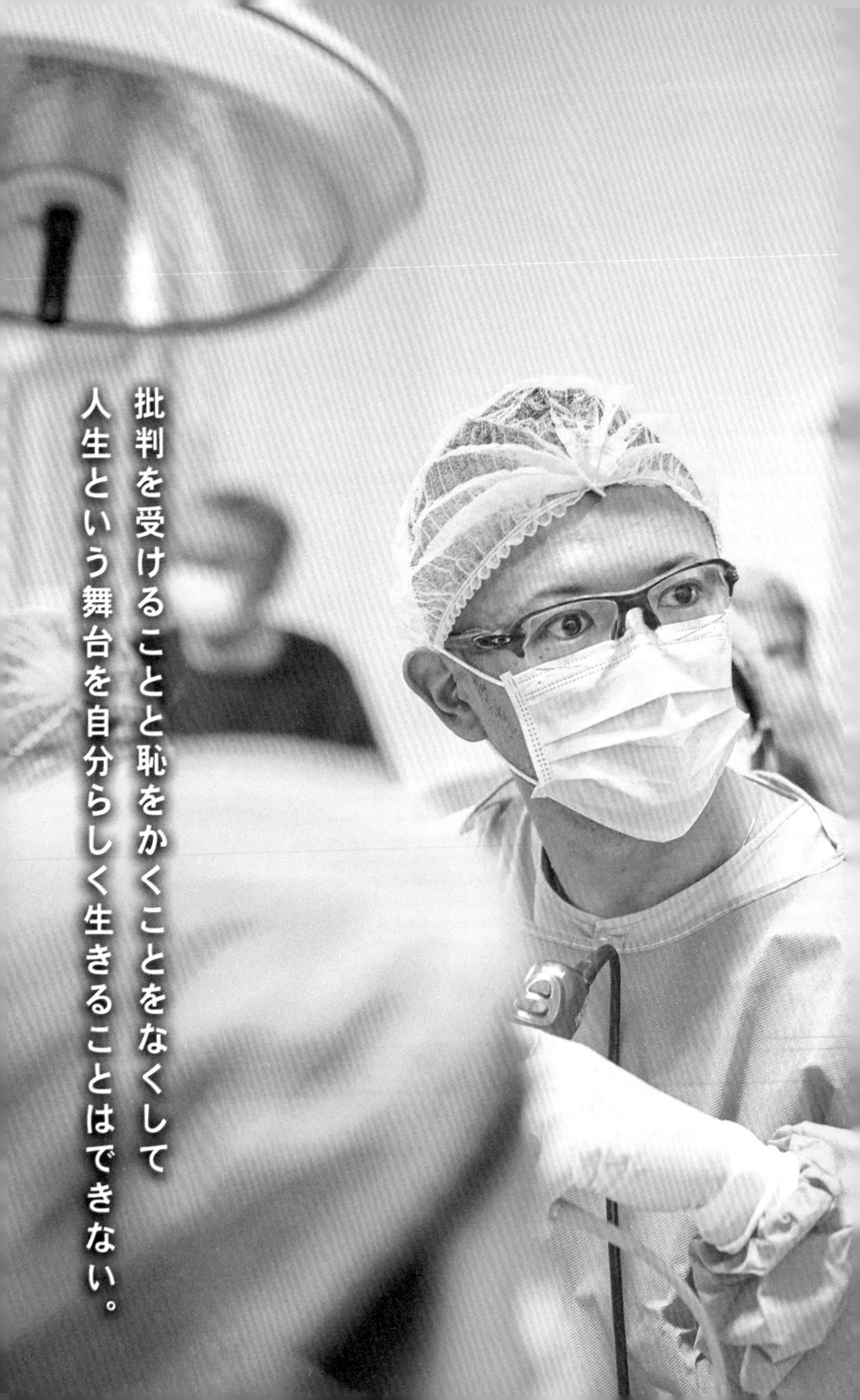
批判を受けることと恥をかくことをなくして
人生という舞台を自分らしく生きることはできない。

ドクター

Dr. Balaの56の流儀—

大村和弘
Kazuhiro Omura

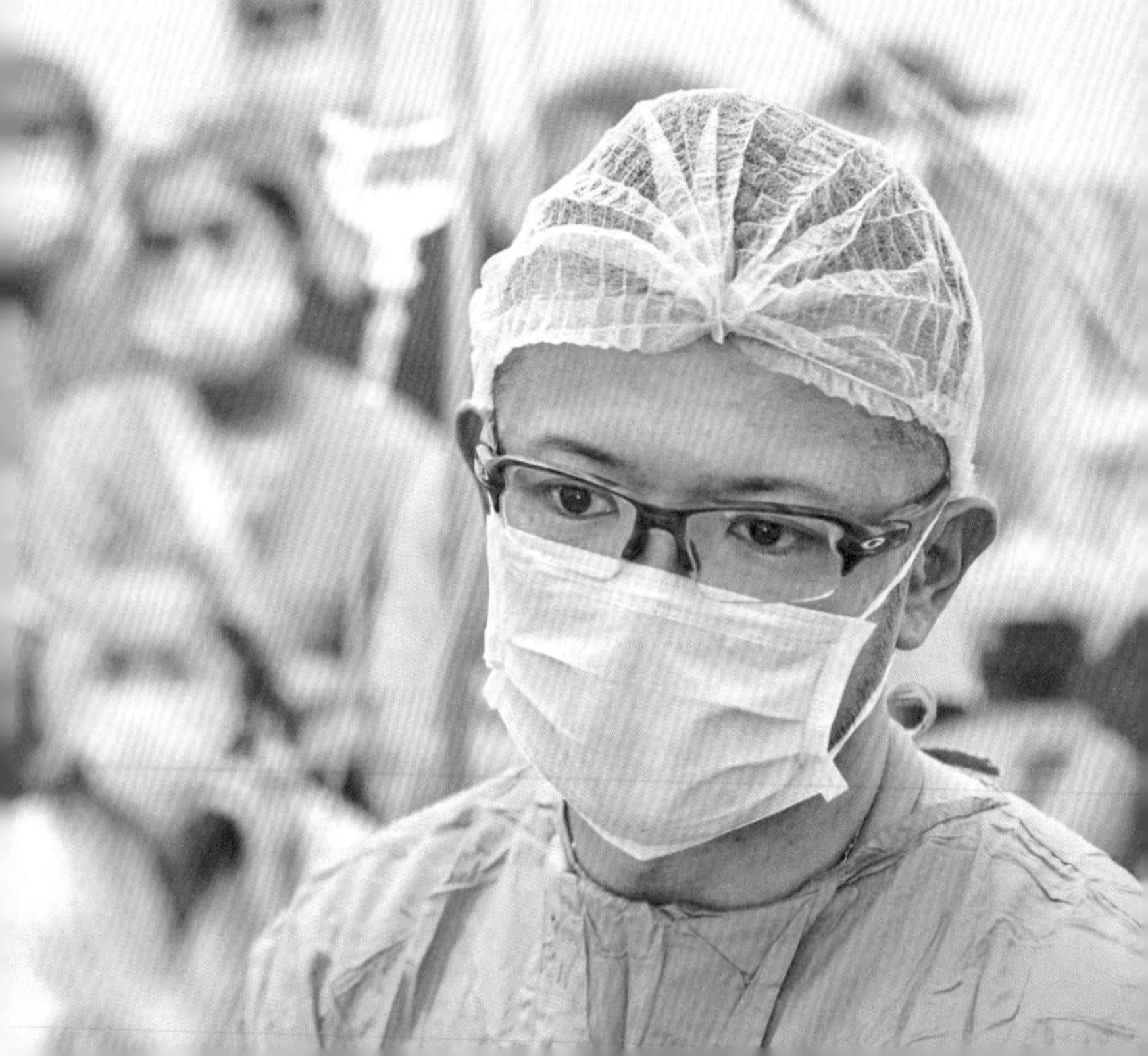

破天荒

―常識の枠を超え、突き抜ける！

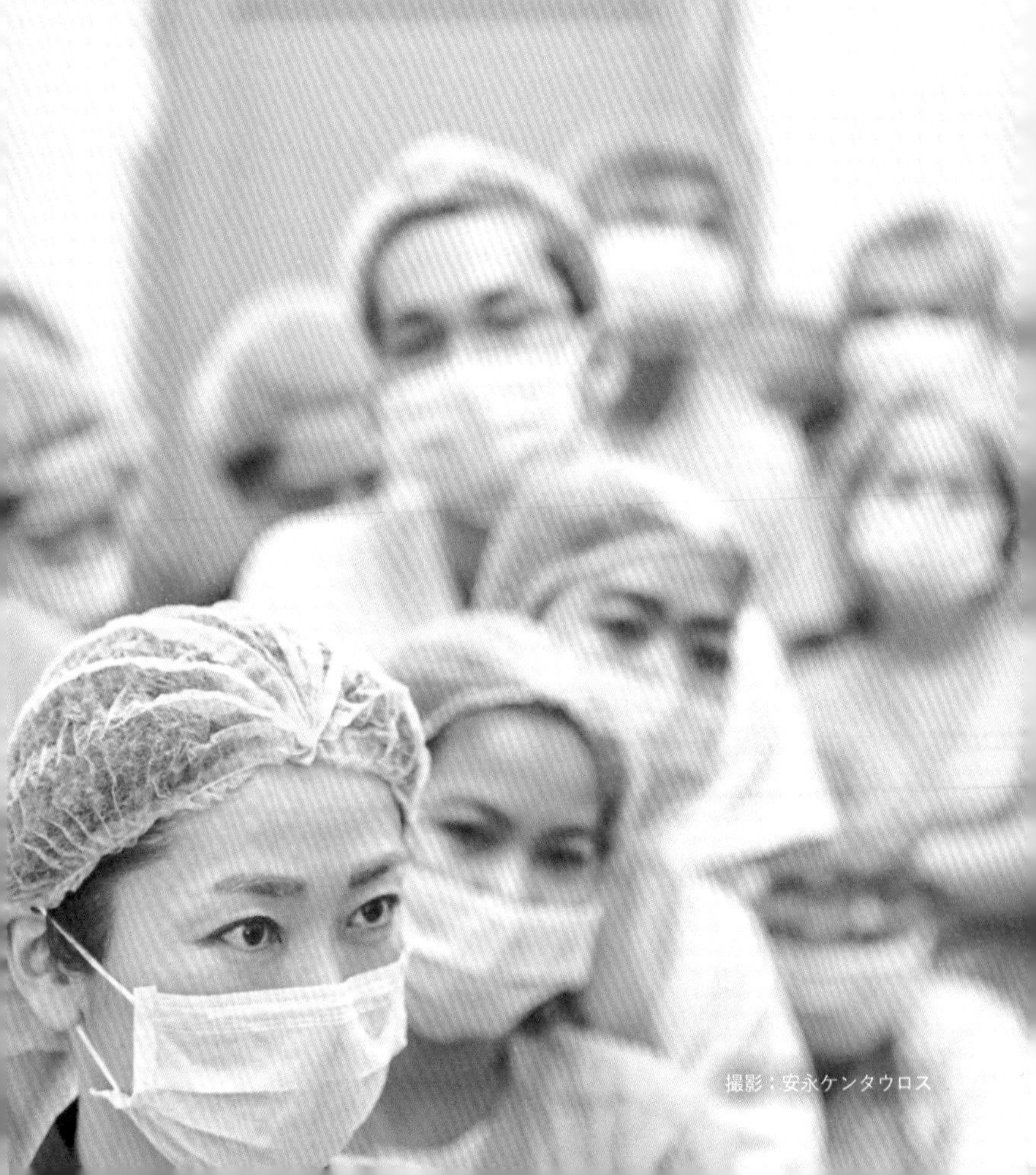

撮影：安永ケンタウロス

プロローグ

アジアで国際協力か――。

アメリカ海軍病院へ行き、欧米で活躍する医師を目指すか――。

26歳の僕は人生の岐路に立っていた。大学医学部を卒業後、研修医として働いていた2006年のことだ。

アメリカ海軍病院は、世界中から国籍を問わず、多くの医師が働くことを夢見てチャレンジする名門として知られている。倍率は非常に高く、毎年合格するのはたった数人という狭き門だ。そこで働くことができれば、修了後に欧米を中心に海外の有名な病院で働く道が開けるため、誰もが必死になって合格をつかみ取ろうとする。

当時の僕はそんなことを深く考えもせずに試験に挑戦し、そして、幸運なことに合格の切符を獲得した。

だが、この幸運が悩みの種になる。

「合格してアメリカ海軍病院に行かない」という選択肢は普通に考えればありえない。実際、僕のまわりはほとんどの人が「当然、大村はアメリカ海軍病院に進む」と考え、祝福してくれていた。「これから先の大村の人生は明るいな!」、そんな声で満ち溢れていた。

でも、当事者の僕はと言えば、迷っていた。人生で一番というほどに悩んでいた。その理由は、「アジアで国際協力をしたい」と思っていたからだ。

試験から少し前のこと、アジアを中心に国際医療支援を行っている国際医療NGO団体「ジャパンハート」の創設者である吉岡秀人先生の講演を聞きに行った僕は、彼の言葉に身体が熱を帯びてくるのを感じた。それから間もなくして、僕も研修を中断してアジアに行こうと考えていたのだ。ただ、当時の国際情勢から行けないことも考えて、〝もう1つの道〟としてアメリカ海軍病院を受験することにした、という経緯があった。

2つの切符を手にした僕は、悩みに悩んだ。

そして、最終的に僕はアジアでの国際協力の道を選択した。

僕の未来を本気で案じてくれている周囲の〝失望〟にも似た感情を帯びたあのときの表情

を、今でも忘れることができない。それからの僕の医師としての道のりは決して平たんなものではなかった。アメリカ海軍病院の道を選択していれば、きっと味わわなくてよかったような苦しい体験や、思い出したくない経験もあっただろう。

それでも。

あの人生の岐路における選択から17年が経過した現在、僕は「自分の人生の選択は間違っていなかった」と断言することができる。アジアにおける国際協力は17年目になる現在も毎年続けており、僕のライフワークになっている。さらに僕の活動に共感してくれた同僚や先輩・後輩、他の病院の医師、医師の卵である医学生や高校生までが「大村先生と一緒に国際協力がしたい」と、現地へ向かう人数は年々増えている。

僕自身の成長も、アジアの国際協力なしでは語れない。医師としての自分を見つめ直して、磨くべき専門領域を見極めることができたのも、国際協力の現場で海外の医師との交流があったからだ。海外でのある〝きっかけ〟から僕は、拠点を日本に移し、鼻腔腫瘍という鼻の中にできた腫瘍を取り除く難度の高い手術を行う耳鼻科医として、外科医のトップになることを目指し邁進することになった。

医師が行う手術にはオリンピックの体操の技のように〝難易度〟のランク分けが学会により決められているものがある。僕の行う鼻腔腫瘍の手術は最高難度のE難度という評価がされているものが多くあり、平均の手術時間は6時間から10時間、最長で13時間に及ぶ、ハードな手術だ。

その耳鼻科医の道へと進んでから十数年が経ち44歳になった現在の僕は、東京慈恵会医科大学附属病院（以下、慈恵医大病院）で働き、鼻腔腫瘍の領域では国内トップクラスを自負する医師となった。近年では、北海道から沖縄まで全国各地の病院で難度が高すぎるゆえに手術ができない患者や、手術をしたが再発してしまった患者が飛行機や新幹線に乗り、僕の外来を受診してくれる。国内のさまざまな病院だけでなく、海外の病院からも手術の依頼をいただくようになった。

また、僕は医師の仕事と並行してオリジナル手術の術式を15種類開発し、論文として発表することもできた。この数は世界でもトップクラスの多さになる。僕の考案した術式は日本国内のみならず、多くの国で使われるようになり、アメリカの教科書にも掲載されている。

これらの磨いてきた技術を医療発展途上国であるアジアの若い医師たちに手取り足取り伝え続けている。現在、日本に拠点を移して医療に従事している僕は、アジアに行くことができる時間は毎年の夏休みの1週間程度と、とても短い。その限られた時間の中で、いかに自分の技術をアジアの医師に伝え、アジアの医療技術の底上げに貢献するかを、ずっとずっと考え続けてきた。

夏休みというのは一般的には休むものであり、普段から〝命〟を扱うハイプレッシャーの中で生きている医師という職業人たちには旅行などの〝息抜き〟が必要だ。それでも僕は1人で、時には仲間たちとアジアへ行き、現地の医師たちと医療活動を続けてきた。それ自体が僕にとっての息抜きになっていて、〝趣味〟や〝ライフワーク〟と言えるほど心躍る楽しいものなのだ。

その国の医療技術では救えなかった命を救うことができたときのアジアの子どもたちの笑顔、新たな技術を身につけることができたときのアジアの若い医師の笑顔——。そういうものに触れたくて、僕は通い続けてきた。そんな風にしてアジアに通い続けることで、僕自身が日々の緊張から解き放たれ、自分を保つことができていたように思う。

そう、僕が一方的にアジアに施してきたわけではない。〝お互い様〟なのだ。アジアでの国際協力が僕を医師として、人間として、成長させてくれたことは間違いない。

この長年にわたるアジアでの国際協力の様子を映画監督のＫｏｂｙ Ｓｈｉｍａｄａ（コービーシマダ）氏が撮影してくれており、最近、ドキュメンタリー映画「Ｄｒ．Ｂａｌａ」として公開された。この本を読んで僕に興味をもっていただいた方は、ぜひそちらも観ていただけるとうれしい。

こんな風に〝外科医冥利〟に尽きる今を生きている僕だが、自分自身の人生を振り返ってみると、「よくまぁこんな風になれたな」と思うことがいっぱいある。

そもそも、僕は手を動かしたり、ものをつくったりすることがあまり好きでもないし得意でもない。集中力もなく、研修医の頃は「長い手術なんてもってのほか」と思っていた。患者さんが痛がっている姿や血を見るだけで気分が悪くなってしまい、トイレで休んだこともあったほどだ。

「神の手をもつ」と言われているような外科医の本を読むと、ほとんどは昔からプラモデルが好きだとか、集中すると時間感覚がわからなくなって没頭できたと書いてあり、「外科のセンスはもって生まれたもの、または小児期の教育で決まるもの」と思っていた。だから、人並みの能力だった僕は、今の状況を想像すらできなかった。

近年の僕は講演会や学会での招待講演をさせていただくことが多くなるにつれ、医師になることを夢見る子供たちや、他病院の医師たちから「どのように手術を上達させたのですか?」「どのように今の世界観を身につけたのですか?」と聞かれることが多くなった。子どもの頃の僕がこの光景を見たらどう思うだろう、と不思議に感じることがある。

そういう質問に1つひとつ丁寧に答えていると、僕がやってきたことは決して難しいことではなく、日常のちょっとしたことを丁寧に整えることであり、それこそが大切なのだと、僕自身改めて気づくことができた。そのことを他の人にも共有することで、子どもも、大人も、変化できる可能性があることにも気づくことができた。

僕自身が僅かな心の持ちようで人生の景色がガラッと変わることを体験したからこそ、若い人たちに〝僕なりの流儀〟をなるべく早く伝えたいと思うようになった。そして今回、その内容を僕の人生になぞらえながら初めてまとめてみたものが、この1冊の本である。

僕がこれまでの人生で挑戦してきたことと、それに付随する学びを振り返りながらつづったものだ。どのような世代の方に対してもこの本の一部を伝えると、「もっと自分の人生をしっかりと考えて生きようと思います」と言ってくださる方が少なくない。ぜひみなさんにも、この本を読んで〝心の変化〟を感じていただければ幸いだ。

大村和弘

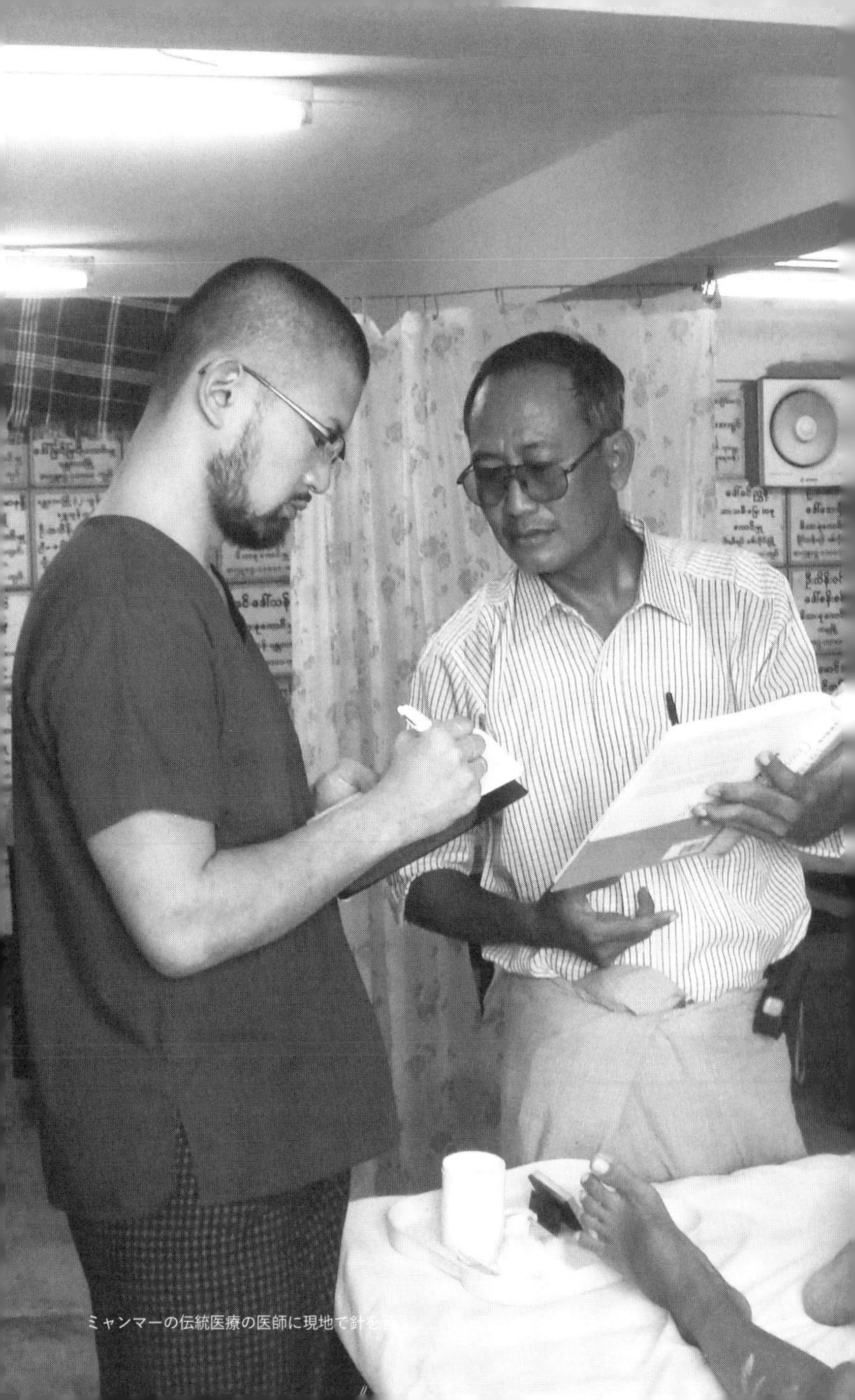

ミャンマーの伝統医療の医師に現地で針を

破天荒ドクター―常識の枠を超え、突き抜ける！ Dr. Balaの56の流儀―目次

第5章 個の力を高める

第6章　人を笑顔にする

KAZ M.D.

第1章
夢を描いて動く

1 人生は舞台。夢を描くから、夢が叶う

僕は医師として〝世界〟を舞台に活動している。

現在、鼻腔腫瘍（鼻の奥にできた腫瘍やガン）の手術を〝日本で一番多く担当している医師〟であり、かつ世界で最も合併症の少ない医師であることから、海外からの患者の受け入れや、海外の医師に対して技術教育を行っている。同時に17年間にわたりアジアでの医療ボランティアも続けている。自分の医療技術が認められて、世界中から必要とされることは幸せなことだ。

「このような幸せな〝今〟があるのはなぜか？」と、この機会に改めて振り返ってみると、子どもの頃に自分自身が「医師になりたい」と夢を描いたことが全てのはじまりであることに気づく。

僕は1979年12月に東京都世田谷区で生まれた。

父は大学病院に勤務する内科医で、母は薬剤師という〝医療家系〟だった。だが、両親から「医師になれ」と言われたことは一度もない。父は家では至ってどこにでもいそうな温厚な父親であり、普段は勤務医として忙しく働き、家にもあまりいなかったため、僕は医師という職

業をイメージすることすらほぼなかった。

そんな僕が将来の夢として〝医師〟を意識しはじめたのは小学5年生のときだった。その頃に父が大学病院を辞めて自宅でクリニックを開業したことで、それまでは遠くに感じていた医師の存在が身近なものになったのだ。

開業したての頃、父が家の1階の端につくったクリニックの中で薬剤師の母と一緒に「今日は患者さん来るかな」と楽しそうに話をしていた様子を鮮明に覚えている。それからしばらくするとたくさんの患者さんに恵まれ、地元の内科医としてみんなの健康を支えている様子が子どもの僕にもよくわかった。

こうして〝手に職をもって自由な雰囲気をまといながら働く父〟と、〝それをそばで支える薬剤師の母〟を目の前で見るようになったことが、僕の人生に影響をもたらしたことは言うまでもない。

父は基本的に僕の進路に関しては「やりたいことをやれば良い」というスタンスだった。一方で母は事あるごとに「手に職を持ちなさい」と言い、「医療はその中でも責任があって面白い仕事」と僕に伝え続けていた。この言葉の影響か、僕は漠然と医師に憧れを抱くようになっていった。

子どもの曖昧な〝憧れ〟が明確な〝目標〟に変わったのは、本格的に将来のことを考えるようになった高校1年生の頃だった。

毎年多くの塾生を慶應義塾大学医学部や慈恵医大、順天堂大学医学部など日本トップの医学部に現役で合格させることで知られる医学部専門予備校YMSのパンフレットを、母がどこからか探してきたのだ。YMSに通いはじめてみると、そこには「絶対に医師になる!」という強烈な意志をもった同級生がたくさんいて、予備校のOBで医学部に入学して大学生活を謳歌している先輩たちも遊びに来ていた。

僕はこのOBの人たちから、大学で医療を勉強できて楽しいと思っていることや、夢をもってワクワクしている様子を何度も直接感じて、その姿を将来の自分に重ね思い描いていた。それによって「医療で手に職をもつ」という曖昧だった僕の思いは「絶対に医師になる」という明確なモチベーションへと昇華し、己の内側から燃える〝火種〟を生んだ。

医学部に入るために僕はたくさん勉強をした。勉強が好きなわけではなく、残念ながら得意だと思えるわけでもない。それでも努力ができたのは、人から強制されたわけではなく、自分自身の内側、身体の奥底から「医師になりたい」と湧き上がってくる火種、夢があったからだ。

この小さな、でも確かな火種があったからこそ、努力することが苦にならず、大きな〝炎〟

にまで育て上げることができたのだと思う。こうして僕は、現役で慈恵医大医学部に合格した。

心の火種、夢の火種はなかなかもてるものではないかもしれないが、僕は幸いにも全てのはじまりである火種を高校生のときに自分の内側にもてたおかげで、その後の人生でも努力することが当たり前にできた。夢や目標がないのに頑張り続けられるほど僕は強い人間ではないと知っているからこそ、この火種をつくることや維持することの大切さが身にしみてわかっている。

夢を叶えることは現実世界で火を自分で起こすのと同じだ。火種をつくり、それを燃えやすい木屑に移して、さらに火が消えないように風から守ったり、焚き木をくべたりと努力が必要になる。その大切に育てた火をなるべく大きく、そして長く燃え上がるようにしようと、あとは覚悟を決めるだけだ。

僕は「人生は舞台である」と考えている。

火種をもつことができたら、その火種を使って、「自分の人生の舞台をどんな物語にしたいか？」と物語を描くのだ。火種が趣味に関わるものであれば主人公の趣味が決まるし、職業に関わるものであれば主人公の職業が決まる。

そして何よりも大切なことは、「その物語（夢や目標）は自分が描く」という覚悟をもつことだ。人が描いてくれるものではない。

慈恵医大ラグビー部時代

その物語を言語化して、明確にし、それに向かって突き進んでいくと、楽しいことだけでなく辛いことや悲しいこともある。だが、それすらも舞台や物語として俯瞰して見てみると、全てを意味のあることとして捉えることができる。舞台はときに辛いことがあるからこそ面白くなるし、辛いことの後にはだいたい良いことが起こる。

だから僕は子どもたちに言う。

「人生は舞台だ。夢を描くから夢が叶う。まずは夢をもつことからはじめよう」と。自ら夢を描いて舞台に立たなければ、夢は絶対に叶うことはないのだから。

2 中に飛び込んでみたからこそ〝見える景色〟がある

僕が現在に至るまで約17年間続けているアジアでの医療ボランティア。その原点はどこにあったのかと言えば、高校1年生の夏休みにさかのぼる。

きっかけは些細な出来事だった。通学バスに乗っていたときに目の見えない全盲の方が杖をついて乗ってきたので「ここに座りますか?」と話しかけようとしたのだが、(なんだか偽善者っぽいな)と思ったり、どう話しかけていいかわからなかったりして、何もできなかったことがあった。

そのときの心のモヤモヤを解決したい、もう一歩踏み出して助けを必要としている人のことを知りたいと思い、市役所が募集している夏休みのボランティア活動に参加した。彼らはどんなときにサポートが必要なのか、どんなことで困っているのか。直接触れ合って理解することができれば、僕の心の中にある〝壁〟が取り除けると思ったからだ。

市役所で僕は、盲人卓球や脳性麻痺の人たちの遠足のお手伝い、手話の勉強、車椅子講習会など、さまざまな経験をさせてもらった。その結果、ほんの少しの知識と経験を得ただけで、バスや電車で盲人の方に躊躇せずに声をかけてよいこと、車椅子の補助は下り坂では後ろ向きのほうが安全なこと、盲人への配膳の際は針時計の時間で食器の位置を説明することなど、全く知らなかった世界を見ることができた。

僕はその経験自体を「面白い」と感じるようになった。そのため、高校では陸上部と掛け持ちをする形で友人と青少年赤十字部（ＪＲＣ：Junior Red Cross）に入部した。


高校生でボランティア活動をしていると、それを見た人から「凄いね！」と言われることが多々あった。その言葉が僕はあまり好きではなかった。もちろん嫌でもないが、なんというか違和感があった。

「凄いね」と言われると、ボランティア活動自体が一般的に「なかなかできないこと」と思われていることのように感じてしまう。実際は、ボランティアをやっているこちら側が相手から教えてもらうことがたくさんあり、自分が豊かになる実感を得ることができて、とてもワクワクするのに。

自分の中に生まれた違和感をきっかけに僕は「ボランティアが誰にとってもより身近になる環境をつくりたい」と思うようになった。体験していないから「大変そう」「自分を犠牲にして偉い」と感じるのであって、実際にやってみると全く違った景色を見ることができ、面白いのだ。だから僕は自分でボランティアをやりながら、まわりの人たちにも勧めてきた。

——あれから約25年が経過した現在。

僕は医師となり、アジアで医療ボランティア活動を続けている。報酬は当然なく、むしろ渡航費や宿泊費などは自費である。現在は慈恵医大病院で医師として働いているため頻繁に行くことは難しい。それでも毎年夏休みの1週間を使ってボランティア活動を続けている。そんな僕を見た医師の友人や同僚から「なぜ給料をもらえないのにそんなことをするの？」と聞かれることもある。

多忙を極める医師にとって1週間の長期休みである夏休みはとても貴重であり、多くの友人や同僚は医療現場の極度の緊張状態から一時解放され、旅行などで心身を休め、リフレッシュする。彼らから見ると僕は〝変わり者〟なのかもしれないが、僕も彼らと全く同じ目的でボランティアをしている。

彼らの質問に対する僕の答えは「それが僕の趣味だから」だ。

医療ボランティアは普段の仕事と同様にプロの医療技術を用いているものの、他の人の趣味と同じようにアジアでの医療ボランティアが楽しいから続けているだけで、つまらなくなったらいつでも辞めようと思っている。だから本当に趣味であり、今のところ一番長く続けているライフワークなのだ。

こういう質問が出ることからもわかるように、残念ながら日本におけるボランティアの意識は僕が高校生だった頃から劇的には変化していないかもしれない。

それでも少しずつ、少しずつ世の中が変化していると実感する部分もある。僕のアジアでの医療ボランティアの活動に自ら「行きたい」と言って参加する日本人医師、大学生、高校生が増え、さらにはアメリカ人医師も参加を希望してくれるなど、国内だけではなく国外においても〝ボランティアが誰にとってもより身近になる環境〟に向けて確実に前進していると希望をもっている。

僕はボランティアという趣味を長年続けたおかげで、国や人種、年代の垣根を越えたたくさんの人たちの笑顔など、お金では決して買うことのできない素晴らしいものをもらうことができた。

興味がある方は、ぜひ一度、気軽にボランティアをやってみてほしい。体験することで見える世界が確実にあるはずだ。

3　プライドをもって働くから、最高の仕事ができる

僕は慈恵医大医学部在学中の2003年にイギリスのセントトーマス病院に短期留学をした。

この病院は近代看護の基礎を築いたナイチンゲールと関わりの深い病院として知られている。今では考えられない話だが、1800年代は看護師が正当な職業として認められていなかったようで、ナイチンゲールはそれを正そうとして世界初の看護婦養成学校をセントトーマス病院内に創設したという歴史がある。

医大生時代の僕は、ターミナルケアや、患者さんと看護師間の関係構築に興味があったため、看護学発祥の歴史とその空気を肌で感じたいと思っていた。幸運なことに当時、慈恵医大には留学希望者の中から2人だけが選ばれて、奨学金をもらってセントトーマス病院に留学できる制度があった。僕の成績は希望者8人の中でビリから数えたほうが早いものだったが、面接では「誰よりも慈恵の魅力を伝えて、宣伝活動をしてきます。ぜひ僕を留学させてください」と熱い気持ちを伝えた。その結果、留学の切符を獲得した。

数か月後、僕は単身でイギリスへと向かった。

留学中には数々の刺激的な体験をした。何よりもうれしかったのは、当時85歳のシシリー・ソンダース先生（1918－2005）に会えたことだ。

ソンダース先生は近代ホスピスの創始者として知られる存在であり、かつてこの病院の養成学校で学んでいた時期がある。看護師からキャリアを歩みはじめ、上司から「末期患者を見捨てているのは医師なんだ。学校に戻って、医学を勉強したまえ」という言葉を受けて、33歳から医師になるための猛勉強を開始したそうだ。その後、38歳で医師免許を取得した異色の経歴の持ち主であり、病気の痛みに苦しみながら亡くなる人たちを間近で見たことで緩和医療をつくったと言われる、医療界の人間にとっては〝生ける伝説〟のような方だった。

ソンダース先生と握手したときの温かい手の感触を今もよく覚えている。それから2年後にソンダース先生は天に召された。あのとき留学できたことは運命的なものだったと感じている。

僕はソンダース先生が設立した「最初の近代ホスピス」と呼ばれるセント・クリストファーズ・ホスピスで実習を受けることもできた。ここは「ガン患者が激しい痛みにさいなまれることなく最期まで人間らしく穏やかに過ごせるための休憩所をつくりたい」という思いから開かれた場所である。

ホスピスで実習を受けて、僕が何よりも驚き、印象に残ったことがあった。それは医療人全てが強い〝誇り〟をもって働いていることだった。

日本の医療は〝医師が中心〟であり、看護師を含めたまわりのスタッフは医師のオーダー通りに全員が動くことが〝常識〟になっている。そのため、病院内で定期的に行われるスタッフミーティングも当然のように医師が司会を務める。

一方で、セント・クリストファーズ・ホスピスは看護師が司会を務め、ミーティングを進めていく。僕は不思議に思って、「日本では医師がミーティングの司会などをやることが多いのですが、なぜここでは看護師がやっているのですか?」とまっすぐ聞いてみた。すると看護師は「医師は患者のことを私たちよりも見ていないでしょ? だから私が司会をやったほうがいい」と、僕の目をまっすぐ見て答えてくれた。

誇りをもって働いているのは看護師だけではなかった。身体の機能的な支障をサポートするフィジカルセラピスト(理学療法士)も同様で、「私がいなかったら、この病院は成り立たない」とはっきり言う。その姿勢は決して傲慢なものではなく、1人ひとりの仕事に対する誇りと姿勢が日本とは圧倒的に違うと実感した。日本の理学療法士はなかなかこうは言わないだろう。

この〝全ての医療従事者が誇りをもって働く〟という考え方は、今の僕の医師としての働き方に大きく影響している。たとえば医師と看護師との関係性。僕が鼻腔腫瘍の手術を行う際に、看護師は隣で〝器械だし〟という仕事をしてくれる。これはドラマなどで見るような、医師が「メス」と言ったら看護師がメスを渡すもので、手術のリズムをつくるうえでとても重要なものだ。

海外の場合は各科の手術ごとに器械だし専門の看護師がいることも珍しくないのだが、日本では手術室の看護師の中から日決めで担当者が決まるため、器械だしに慣れている看護師とそうでない看護師がいる。また、「今日は整形外科、明日は耳鼻咽喉科」と、看護師は毎回さまざまな科の医師と働いているがゆえに自分の専門性を強く育むことができづらく、僕から「器械だしに強い誇りをもってほしい」と伝えることが難しい現実がある。

しかし、そんな環境下でも全ての看護師を尊重し、こちらの呼吸やリズムをわかってもらう仕掛けとして、僕は「1番目に使う器具はこれ、2番目に使う器具はこれ」というように、術式ごとに毎回、順番を統一するようにしている。そうすることで看護師サイドも手順を覚えやすくなり、自分の想像の範囲内で器械だしができるようになってくる。それがきっかけとなり、自分の仕事に誇りをもてるようになると考えている。

お互いが対等の関係で誇りをもって働くためには、当然、看護師にもプロフェッショナルの仕事を求める。自分は何ができるのか、どういう手術の準備や計画を看護師として立てているのか、僕は「常に勉強をして、いつでも説明できるようにしてほしい」と話をしている。それが〝対等〟であり、そのように医療関係者全員が誇りをもって働くことが高い医療のパフォーマンスや患者の安全に繋がると信じている。お互いへの尊敬の念があるからこそ、最高の医療現場になるのだ。

セント・クリストファーズ・ホスピスでその原点を学ばせてもらったことは、僕にとって大きな財産になっている。

セント・クリストファーズ・ホスピス
エントランスにて

4 「行動あるのみ」が未来を切り開く

セントトーマス病院への短期留学中に、僕は病院での実習以外にチャレンジしたいことがあった。

慈恵医大は医学部のみの単科の大学であり、1年生から6年生までが全員で600人ほどの小さな大学だ。その中で僕は文化祭実行委員やラグビー部、相撲部と幅広く活動していたこともあって、同級生だけでなく先輩後輩、先生とも非常に距離が近く、学年や先生・学生の垣根を越えて非常に仲が良かった。

そんな環境で過ごしていたので、自分のことを全く知らない環境の海外に1人で行き、自分という人間をまわりに伝え、仲間をつくることに挑戦してみようと考えたのだ。とはいえ英会話が拙かったので、「一番手っ取り早いのはスポーツだろう」と、ラグビーをきっかけに仲間をつくりたいと思っていた。何と言っても、ラグビー発祥の地と言われるイギリスだ。受け皿は広そうだ。

そこで僕は日本からラグビーグッズ一式をもっていった。

当然、知り合いも誰もいないし、実習先は病院だし、ラグビーチームに参加する方法は全くわからない。とりあえず学生に直接聞いてみようと、学生が集まる図書館に行き、ラグビージャージを来ている人を待ち伏せして片言の英語で声をかけていった。

ちなみに、当時の僕の英語力は謙遜ではなく本当に乏しかった。どれぐらいかと言えば、留学初日に病院の寮に向かうためにバスの運転手に行き先を告げると「opposite side」と言われて意味がわからず、3回連続でそれを言われてようやく意味を調べてみて「opposite＝反対（つまり、反対側のバス停）」とわかり、何とか寮に辿り着くことができたほどだ。寮に着いても受付の人が指し示している棟の場所が少し離れていたようで、そこまでどうやっていけば良いのか全くわからず、その人が見るにみかねて、しまいには車で直接送ってくれたほど……。

そんな英語力の僕だが悲観していても何もはじまらない。「行動あるのみ」であった。

ラグビージャージを着ている学生全員に話しかけていったが、その方法には想定外の〝誤算〟があった。ラグビー発祥の地と言われるだけあって、ラグビープレーヤーの受け皿が広いどころか、ラグビージャージをファッションとして楽しむ人がたくさんいたのだ。

それでも挫けずに半日ほど声かけを続けていると、ようやく3部リーグの副キャプテンに出会うことができた。日本から来たこと、ラグビーをしたいことを伝えると、彼は快くラグビー部の練習への参加を受け入れてくれた。

早速、練習に参加し、練習後のOBとの対抗戦にも出させてもらえることになった。僕はそのチームでは新入り、かつ唯一の日本人である。せっかく試合に出るなら「あの日本人やるな！」と思われるくらいの活躍がしたいと考えていた。

試合がはじまると、自陣ゴール前でペナルティーの笛が鳴り、学生チームはゴールラインに横一列に並び、OBがボールをもって突っ込んでくるという状況になった。

僕と相手チームの距離は10メートル。そういうときにボールをもつのは、そのチームで一番突破力のある選手と決まっている。そのときもOBチームの190cmはあるであろう〝巨人〟が鼻息荒くボールをもって真ん中に立っていた。

それまでの練習で見せ場をつくれていなかった僕にとっては周囲に自分のことを印象づけるチャンスだ。あの巨人にタックルして止めたら――。でも、人というよりも車が突っ込んでくるような印象で、ものすごい迫力だ。正直、腰が引けた。

それでも僕は自分を奮い立たせて正面に立ち、誰よりも先にタックルにいった。

肋骨が折れたかと思うほどの強い衝撃だった。タックルは何とか無事に成功した。

試合終了後はタックルをした相手だけでなく、味方からも敵からも「良いタックルだったぞ、オオムラ！」と称賛された。それから一緒に風呂に入ったり、お酒を飲んで馬鹿騒ぎしたりと、イギリスの学生を身近に感じることができて、僕は〝ゲスト〟ではなく〝チームの一員〟にちょっとだけなることができた。

その後の生活でも僕は、できるだけ日本人とは交わらず、イギリス人をはじめ世界中の人たちと交流することを心掛けた。事前に「留学に行くと日本人は日本人どうしで固まる」と聞いていたからだ。それでは留学の意味がない。

僕は英語が片言だったのでその生活はストレスになるが、英語が話せないことと、友達ができないことはイコールではない。英語が話せなかったら努力を人一倍して言語以外のコミュニケーションをすればいいと考えた。たとえば日本の料理をつくって部屋に友人を招くとか、ラグビーのように自分のできることをしてみるとか、寮の一室にある卓球台に誘ってみるとか、そういう努力だ。

すると留学に来ている世界各国の友人がどんどん増えていった。周囲を見渡してみると、僕よりも英語を話せるけれど僕よりもコミュニケーションを取れていない人、友達をつくれない人がたくさんいた。

こうしてたくさんの仲間ができ、日本では身につけることができなかったであろう新たな自信を得て、短期留学を終了した。海外で、孤独の中で培った自信は、その後の医療ボランティアや、日本で医師としての地位を確立するための闘いにおいて、僕を力強く支えてくれることになる。

イギリス留学中、学生たちと授業の最後に

5　未知のことにチャレンジするときの心がけ

さまざまなことにチャレンジし、やれることを全てやりきった6年間の大学生活も終わりが見えてきた2004年。僕は卒業を間近に控え、初期臨床研修を受ける病院を探していた。

医師になるためには通常、大学医学部卒業後は病院に所属して初期臨床研修医として2年働き、そこで複数の科をローテーションで回りながら専門の科を見定め、後期臨床研修（3〜5年）では専門科目の知識や技術を磨いていく。

大半の医学生が大学在学中に国家資格である医師免許を取得するが、初期臨床研修を修了しなければ保険を使って医療をする保険医になれないため、ほとんどが大学病院や市中病院で初期臨床研修を受ける道へと進む。

僕自身も慈恵医大を卒業後、初期臨床研修を選択した。

研修をどこで受けるかは学生が希望を出すことが可能で、この〝研修病院選び〟はドクター人生を決めると言ってよいほどに重要な選択になる。なぜなら、全ての病院が同じ研修内容を行っているわけではなく、研修の内容や指導の姿勢は、病院の方針や働いている医師に依存する部分が大きいからだ。

僕にとって研修先病院選びは、大学医学部を卒業して〝初めて自由に外へ飛び出す感覚〟

であり、ワクワクしながら多数の病院を見てまわり、慎重に検討を重ねた。慈恵医大でそのまま初期臨床研修を受ける道もあったが、外の世界を知らない「井の中の蛙」にはなりたくなかったことと、留学で体験したようにゼロから関係を築き、仲間とともに学び、闘いたいという思いがあったため、慈恵医大に残る選択は初めからなかった。

多数の病院をリサーチしていく中で最も印象に強く残ったのは、千葉県旭市にある総合病院国保旭中央病院だった。

旭中央病院の研修は過酷なことで有名だったが、全ての研修医が「うちの病院は楽しいぞ！」と笑顔で話していた。僕が見た中ではそんな病院は他にはなかった。働いている医師はアドレナリンが身体から噴き出しているかの如くエネルギッシュに、楽しそうに働いていた。

「ここで俺たちと夜中まで一緒に存分に働こうぜ！」、先輩たちからそんなことを言われている気がした。

その姿を見て僕は旭中央病院の初期臨床研修を第一志望として提出し、無事にテストと面接を突破した。

研修は予想通り、過酷な〝修行〟そのものだった。

僕は同期研修医と比べても出来がよいほうではなく、僕よりもセンスのある人、優秀な人はたくさんいた。東大でサッカー部のキャプテンをして英語もペラペラで要領もいい、というレベルの同期がゴロゴロいて、当時の僕は後輩からも見下されることがあった。

それでも「良い医師になりたい」と、寝る時間を削ってがむしゃらにもがきまわっていた。そんな僕のことを誰よりも育てようとしてくれたのは、旭中央病院の塩尻俊明先生である。不器用でも勢いとやる気だけはあった僕を見て「こいつはちゃんと教えないとダメだ」と思われたのか、カルテの書き方から疾病の考え方まで、本当に丁寧に教えてくださった。

当時、研修医は前日の入院患者の症状や様子をカルテにまとめ、指導医たちの前でプレゼンをする日課があり、同期はスラスラと数分でまとめてOKをもらっていたのに対して、夜通しかけて書いた僕は塩尻先生に「全然ダメ」と酷評されていた。カルテは真っ赤に添削されて、30分ほどお説教されることがしょっちゅうだった。

その熱血指導のおかげで、僕は少なくとも人並みの臨床医には育つことができた。過酷な道を選んだ選択は間違っていなかったと今も改めて思う。

僕は旭中央病院での研修を通して2つのことを学んだ。

1つは、人間はやったことがないことは実際の負荷よりもオーバーに想像してしまう、ということ。今だから正直に書くと、旭中央病院を見学したときに「やってみたいな」という気持ちと、「寝る時間も少なくて大変そうだな」という気持ちが心の中にあったのが本音だ。

そこからほんの少し勇気を出して踏み込んで中に入ってみたら、確かに睡眠時間は少ないときもあるが、想像よりは少なかったし、「やってみたいな」という気持ちは「やれて良かった」という高揚感に変わり、そのおかげで、思ったよりも苦ではなかった。

そして、もう1つは、人間はやり続けると慣れる、ということだ。だいたいどんなことも2か月後には慣れて、慣れると楽になる、と僕は思っている。

これらの経験を通して、今の僕は〝仕事の負荷〟で「やるか、やらないか」を決めないようにしている。面白そうだけど、辛そうだから……と思ったら、面白そうならやってみる。そして本当に辛くなったらやめようと思っている。生きていると、辛いと思うことと面白いと思うことを比べれば、面白いと思うことのほうが絶対に少ないのだから、だからこそ希少な面白さのその先には道があると信じているのだ。

僕はこの考え方でこれまでも数々の人生の選択をしてきて後悔はない。だから何かを迷っている人には、「やってみたい」という思いや、「面白そう」と思う気持ちを大切にしてほしいなと思う。

6 目標までの過程で恥をかくことは何も恥ずかしくない

旭中央病院における初期・後期臨床研修では、僕は塩尻先生に本当にお世話になった。塩尻先生は魅力的な先生だ。最近ではＮＨＫの番組「ドクターＧ」にも出演されるなど病院外での仕事も増え、まさに多忙を極める日々だが、今も月に20回以上当直を続けており、本当にパワフルな先生である。僕のドクターズマガジンの中でも恩師のところに名前を記載していて、感謝と尊敬の念がある。

当時、塩尻先生は「旭中央病院を全国的にもっと有名な病院にする」という目標を掲げていた。そのためにご自身がラジオ英会話を聞きながら独学で英語を勉強して、ＵＣＬＡ（米国カリフォルニア大学ロサンゼルス校）などの外国人医師に「ぜひうちの研修病院のレベルアップに協力してほしい」と手紙を書いてアプローチをしていた。その後、交渉して、いざ来てもらえるとなると、自らウェルカムボードをつくって空港に迎えに行き、病院を案内するほどの八面六臂の活躍だった。

外国人医師を招待した際は、研修医が診察を担当している患者の状況をプレゼンするのが通例だった。僕ら研修医は外国人医師の話を聞きたいが、誰もが寝る暇もないほど忙しく、プレゼン資料を準備するのに多大な時間がかかり、さらに英語が得意な同期は少なかったため、誰も手を挙げようとはしなかった。

僕も英語は苦手だし、カルテをうまく書けずに他の研修医よりも寝る時間が少なかったが、セントトーマス病院への短期留学などの経験からも「自ら話す機会をつくらなければ英語力が向上することはない」ということだけはわかっていた。

だから僕は「うまくできないからやらないのではなく、うまくできないからやる。むしろネイティブの外国人医師に対してプレゼンできる機会は本当にありがたいこと。大変でもやろう」と考えるようにした。


僕は手を挙げた。同級生は本当に上手にプレゼンができるから、彼らに見られることが恥ずかしいと思っていたが、手を挙げた。

塩尻先生はそんな僕の頑張りを認めてくれ、初期研修を修了して後期研修に進んだときに、UCLA救急救命科・耳鼻咽喉科に1か月の短期留学をさせてくれた。

その後も自ら英語を話す機会をつくりだしていったことで、僕の英語力は少しずつ上達していき、今では普通に話すことができるレベルになっている（とは言っても、じつは3割くらいはわからないけれど笑）。

今、僕は後輩医師から「英語でプレゼンができるようになりたいんです。どうしたらいいですか？」と聞かれることがある。

それに対する答えは、僕自身がやってきた通り、「自ら英語を話す機会をつくること」である。最初は他の人が休んでいる間に準備をしなければならないから大変だったり、うまく話すことができず恥ずかしい思いをしたりするかもしれない。

でも、恥ずかしいなどと思う必要はないのだ。

目標は「英語が話せるようになる」「英語でプレゼンできるようになる」であって、それを達成するための過程で恥をかくことは道端の石ころぐらい気にする必要のないものだからだ。

どんどん恥をかこう（まぁ、恥をかかないで英語が話せるようになるのであれば、その方法を僕が知りたいぐらいだけど笑）。

あれから10年が経過した現在、僕くらいの英語力でも世界の学会や手術研修会から招待講演に呼ばれるようになっている。英語がしゃべれないからしゃべるという僕の方法も悪くはないと思う。

7 直感、衝動に〝夢の種〟が隠れている

今の僕の夢の1つは、趣味である医療ボランティアの活動を通して「アジアを笑顔にすること」だ。そう考えるようになったきっかけは、医学部卒業後の研修医時代にあった。

初期臨床研修2年目の2005年。僕の人生を大きく変える〝運命〟と呼べるような出来事が起こった。

その日もいつも通り、日中には数十人の診察をして、夜は翌日朝7時からのプレゼンに備えて徹夜でカルテをまとめるという怒涛の1日を過ごし、椅子を並べた簡易ベッドで仮眠を取っていた。

すると早朝に1本の電話が鳴った――。

「国際協力をしている面白い先生が明日うちで講演するからおいでよ」

僕が大学受験の際に通った医学部専門予備校YMSの七沢英文先生からの電話だった。YMSの創設者である市川剛代表は、僕がYMSを卒業した後も先生が自ら創刊した医療雑誌での著名人との対談などを企画しては僕に声をかけてくださり、良い関係が今現在に至るまで続いており、七沢先生はこの雑誌の編集長をされている。

電話をもらったときは余裕があまりになくて「忙しいのでちょっと無理だと思います」と

返事をした。

その日もまた本当に忙しく、夜遅くまで仕事をして、明け方にようやく病院を出て家へ帰ろうとしていた。そのときに、ふと、

「そうだ。2時間半のバスの時間を睡眠に当てて講演を聞きに行こう」

と思った。なぜ、そう思ったのかはわからない。

この選択が、その後の僕の人生に大きな変化をもたらすことになるとは知る由もない。


講演の登壇者は、アジアを中心に国際医療支援を行っている国際医療NGO団体「ジャパンハート」の創設者・吉岡秀人先生だった。ジャパンハートは1995年に小児科医の吉岡先生（当時30歳）がミャンマーに渡り、日本から持参したお金が尽きるまで医療活動を続けたことをきっかけに立ち上げた団体だ。

講演を聞きに行くと、眼鏡をかけた細身の体の外見からはとても想像することのできないエネルギーが、吉岡先生の全身から溢れていた。そのときの映像が残っていて、映画「Dr．Bala」の1シーンになっている。

「今の日本人に決定的に不足してるんですよ。苦しいときにどれほど余裕をもって耐えられるか。どれほど笑えるか。その人のもっている力を伸ばしていかないと。僕は95年からこ

ういうことやってきて、一番変わったのはその力が伸びたこと。みんながしんどい顔してるときも僕は平気。なぜか。僕が凄い人間じゃなくて、麻酔や機械がなかったら、お金がなかったら手術諦めるのか。薬がなかったらこれでいけるところまでいこう。苦しんでる人を助ける、それだけ。でも、それは叩かれないと鍛えられない部分でもあるんです」（映画「Ｄｒ．Ｂａｌａ」より）

その講演を聞いた頃も世の中は現在と変わらず「1人の頑張りよりもシステムで改善するのがスマートでより良い結果を生み出す」と言われている中で、こんなに熱いことを人前で堂々と話す人に僕はそれまでの人生で出会ったことがなく、自分の身体が中からだんだんと熱を帯びてくるような不思議な感覚を味わっていた。

それは僕に限ったことではなく、会場全体が静かな熱気に包まれていくことがわかった。その後、ジャパンハートの理事をしている一流企業出身の年配の方や経営者の方々が登壇し、口々に「自分は吉岡先生に出会えて人生が変わった」と言う。ご自身よりも一回りも年下の人間に出会って人生が変わるなんて、「そんなことがあるのか」と心底驚いた。

僕は講演を聞いて、自分が国際協力をやりたいのかどうかはわからなかったが、1つの思いが頭の中を支配していた。

「吉岡先生と一緒に働いてみたい」

この気持ちを現すのに〝衝動〟という言葉以外は思いつかない。

講演終了後の帰り道。このあやふやな感覚を確かなものにするため、新宿の紀伊國屋書店に寄って国際協力に関する本を買いこみ、読み漁った。自分なりに国際協力とどのように向き合えば良いのか、真剣に考えたいと思ったからだ。

本を読むと、日本には中村哲先生や岩村昇先生、服部匡志先生のように生活の拠点を現地に置き、実臨床で目の前の患者を助け続けた医師もいれば、難民キャンプなどの戦地に一定期間赴き、日本では考えられないような劣悪な環境下で手術をして帰ってくる医師もいることがわかった。

たくさんの本を読み終えた後の僕の率直な感想は「どちらにもなれない」だった。数か月の医療ボランティアを行った後に帰国してから日常に戻れる自信がなかったし、かと言って一生を他国に捧げる気持ちにもなれなかったからだ。

その時に、改めて講演での吉岡先生の言葉を思い出した。

「1年に1週間でもいいから関わってください。自分が許せる範囲で関わり続けていってほしい。一生、国際協力に関わり続ける方法を自分なりに探してほしい。僕のように現地にどっぷりと浸かる医者は10年に1人か20年に1人出るとは思うが、それを待っているようでは日本の国際協力は発展しない。日本に居ながらにして国際協力をやり続けるシステムが今の日本には必要なんだ」（映画「Dr．Bala」より）

――確かに1年に1週間であれば自分にもできるし、それは一生涯を続けてやる価値があるかもしれない。

思いついたら即行動の僕は「吉岡先生と一緒に働きたいです」と、そのときのまっすぐな思いをこめた手紙を書いていた。

8　横を見ずに前を見る

手紙を出した数日後に吉岡先生から快諾の返事をもらった。僕は、その翌年の後期臨床研修1年目を終えた頃に研修を一時中断して、ミャンマーへ医療ボランティアに行こうと考えていた。

だが、ミャンマーは当時、国内情勢が不安定で日本から入国できるか不透明だった。そんな状況もあり、僕は以前からアメリカでの医療にも興味、憧れをもっていたため、日本にある横須賀米海軍病院（アメリカ海軍病院）の臨床研修医採用試験にチャレンジすることを決めた。

アメリカ海軍病院は全世界から多くの医師が応募することで知られ、その中から合格するのは、たった数名だ。合格すると高確率でアメリカの病院のレジデント（研修医）で働くことができ、その後は海外で専門医として働く道筋も立てられるため、僕よりもキャリアも実績もある人たちが多数応募していた。

それなのに……なんと僕は超高倍率を通りぬけて合格することができた。こんなことってあるだろうか。

だが、喜んだのも束の間、その後にミャンマー国内の情勢に変化があり、無事に入国できることが決定したという連絡をもらった。
26歳の僕は2つの切符を手にし、大きな選択を迫られていた。

アジアで国際協力か――。

アメリカ海軍病院へ行き、欧米で活躍する医師を目指すか――。

当初、アメリカ海軍病院はミャンマーに行けなかったときの〝もう1つの道〟として受験していたにも関わらず、いつの間にか、アメリカで外国人に囲まれながら、流暢な英語をしゃべりながら楽しそうに働いている自分の姿を想像するようになっていた。
研修でお世話になっている旭中央病院の先生たちに合格したことを伝えると「この病院から初めてアメリカ海軍病院に行く医師が出た！」と喜んでくれた。また、将来的に戻る場所として考えていた母校の慈恵医大病院の先生たちからも「アメリカ海軍病院に行って、帰ってきたら慈恵の医局に入れ」という言葉ももらった。
僕の恩師の1人であり、研修で大変お世話になった旭中央病院の塩尻俊明先生は特にアメリカ海軍病院に受かったことを喜んでくれた。同期の中で最も出来のよくなかった教え子であり、時間と手間をかけて育てた研修医が、狭き門で知られるアメリカ海軍病院に合格したのだから喜びもひとしおだっただろう。

「大村！　アメリカ海軍病院に1年行って、その後、アメリカでレジデンシーを受けることになったら旭の研修医を連れて見学に行くからな！」

塩尻先生にそんな風に声を掛けられても、アジアの国際協力とどちらに進むべきか迷っていた僕は後ろめたい気持ちから、直接目を見ることができなかった。

周囲の全員が〝アメリカ海軍病院一択〟という状況だった。

決断のタイムリミットは刻々と迫っていた。

このとき、人生のことで本気で悩んだときは心の奥底をさらけだして相談できる人は少ないのだと気づかされた。

僕がこのときに相談をしたのは、たった2人。

親友である研修医の同期と、感染症専門医でありアメリカで医師として働かれた経験をもつ青木眞先生だ。

僕が特に悩んでいたのは〝医師のキャリア〟についてだった。

研修医の僕が東南アジアで医療をはじめる選択をした場合、日本に帰ってきてから医師としての働き口があるのかが何よりも心配の種だった。当時、アメリカで医療活動をするなど輝かしいキャリアをもった医師であっても、帰国してからの働き口がなかなか探しにくいという話を聞いていたからだ。

さらに、その当時、研修医だった僕は医師としての専門領域もまだ決

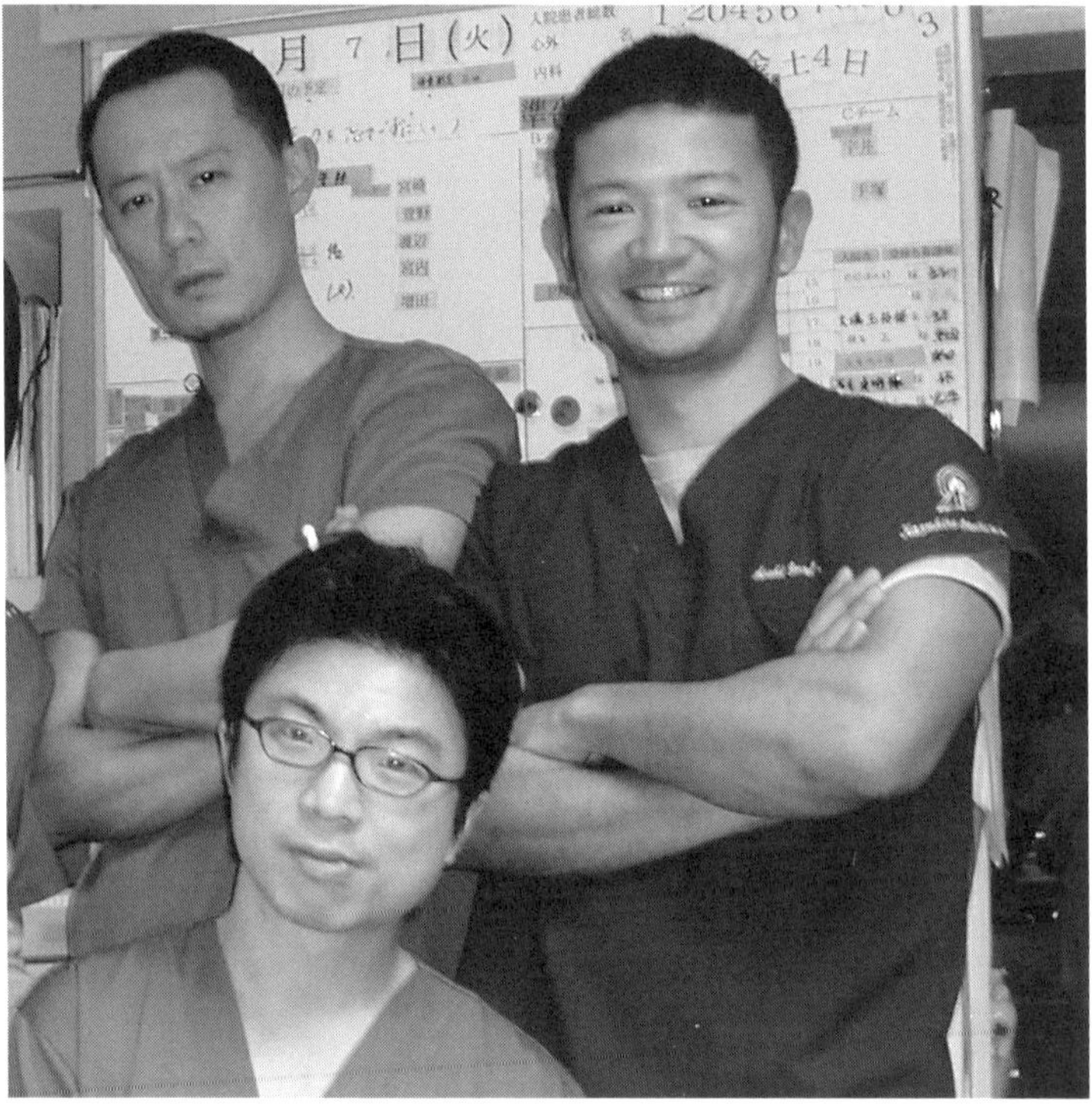

後期研修１年目。救急救命科の先生方と

まっておらず、内科か外科かというような基本的なことすらも何にも決まっていなかった。内科はアメリカで専門医を取得されている日本人医師がその当時も日本にいたが（青木先生もその1人）、外科系で活躍している人はほとんどおらず、イメージが全くできなかったのだ。

またアジアでの国際協力をしている医師の本を読んでも、当時は自らの専門性を確立してから海外に出ている人ばかりで、自分のように研修医の段階で海外に出ていこうとする人は皆無の状態だった。

大きな不安の中で青木眞先生に相談すると、次のような言葉をもらった。

「横を見ずに前を見よう。〝横〟は同級生や他の医師たち、〝前〟は患者のこと。ついつい横にいる同僚や他の医師と自分のキャリアを比較しがちだけど、まずは目の前の患者をしっかりと診て医療をしていれば、自分の力というのは自ずとついてくるよ」

この言葉を聞いて、僕は肩の力がスッと抜けたと同時に、不安の向こう側にある〝何か〟が見えた気がした。

そして、もう1人の研修医時代の親友に相談をすると開口一番で、

「オムロン（当時のあだ名）は絶対ミャンマーでしょ！」と一言。

その言葉を聞いて、最後に背中を押された。

僕も自分の心の奥底では「ミャンマーに行きたい。国際協力をしたい」と、答えは最初か

ら決まっていたのだと思う。将来への不安やキャリアの道筋などは端に置いて、自分の〝心の声〟に素直に従う決断をすることにした。

ミャンマーへ行こう――。

後期臨床研修1年を終えて27歳になった僕は、研修を一時中断し、国際協力のためにミャンマーへと出発した。

そして、これが現在まで約17年間続く、医療ボランティア、国際協力の長きに渡る旅がスタートした瞬間だった。

9 いかなるときも率先して手を挙げる

――僕がアメリカ海軍病院に合格した理由

この章の最後に、アメリカ海軍病院を受験したときの話をしたい。

そこは前にも書いた通り、全世界から多数の受験生がチャレンジして、合格するのはたった数名という超難関試験で知られている。

この試験のときほど〝自ら率先して手を挙げる〟ことの重要性を実感させられたことはない。

試験会場へ行くと、受験生は海外のラボで働いている医師など錚々たる面々で、中には個人で英語の先生を雇い、一緒に試験会場まで来て、直前まで面接対策をしている人もいた。

間もなくして試験がはじまった。

まずは数人のグループに分かれ、海軍病院の若い先生が病院内の案内をしてくれた。巨大な空母を見せてくれて、「おー、これが空母かー」なんてのんきに思っていたら、突然、小さな部屋に数人のグループで入れられた。

そして、何の前触れもなく「はい、じゃあ英語で自己ＰＲしてください」と、集団面接がはじまった――不意打ちもいいところだ。

僕を含む全員がその場で固まった。

心の準備をする時間は一切なく、最初に当てられた女性は頭が真っ白になってしまったようで、しばらく黙りこんでしまった……。

その姿を見て居た堪れなくなった僕は、「自分が先にやります！」と手を挙げ、自己ＰＲをした。僕は本当に英語が苦手だったし、自分自身も突然の面接に動揺したが、「ここは行くべきだ」と頭と身体が勝手に反応した。

その後の試験も一生懸命にやった。ただ、合格者数は数人だけというあまりにも高すぎる壁に、自分が選ばれるという手ごたえはなかった。


後日、アメリカ海軍病院から電話があり、そこで試験結果を伝えられた。

合格していた。たった数人の合格者に選ばれたことは奇跡としか言いようがない。

後で関係者に聞いた話では、僕が合格をいただいた理由の1つに、自己紹介を突然要求されて困っている女性を見て、自ら進んで手を挙げた面接での対応が大きく影響したそうだ。

この体験をしてから、僕はより一層、何かあるときは自ら率先して手を挙げるようになった。気の利いた言葉など準備できないし、スピーチが上手いわけでもない。

それでも……いや、だからこそ、最初に手を挙げて、伝えたいことを先に伝えることが大切だと思っている。この行動はその後のアジアでの国際協力や、日本で耳鼻科医として成長するうえで、欠かせない資質になったと確信している。

第 2 章

動いて感じる

10 いち早くコミュニティに溶け込むために準備をする

後期臨床研修医1年目を終えた僕は、吉岡先生が率いる国際医療NGO団体「ジャパンハート」のメンバーとして、医療ボランティアを行うためにミャンマーへと旅立った。2007年5月のことだ。

当時、吉岡先生は「1か月のうちの1週間はミャンマーに行って朝から晩まで手術をする」という活動を行っており、僕はそのサポートとして「手術患者の予定を組む」「吉岡先生の手が回らない患者で僕ができる診察・手術を担当する」「吉岡先生が帰国後、患者の術後管理を3週間行う」といった役割を任されていた。医師は僕1人で、他は複数の女性看護師だった。

当時の首都ヤンゴンに入り、活動に協力してくれるお寺の中にある家で、メンバー全員で共同生活をはじめた。

寝るときは木の板にござを敷いて雑魚寝で、食事は当番制で自炊。僕は子どもの頃からの家族旅行も、大学生になってから1人で旅行したのも欧米ばかりで、当時、アジアには人生でほぼ行ったことがなく、正直に言うと、最初は雑多で混沌としたアジアの雰囲気が苦手だった。でも、自分で選んだアジアなので、そんなことは言っていられない。

まずは国際協力の肩慣らしとして僕らに課されたのは、ミャンマー語の教室に数週間通うプログラムだった。だが、僕は他の人と同じことをやるのが嫌いな性格なので教室に行くのはお断りして、目をつけた近所の家族経営の小さなカフェに1人で通い、現地の人たちと触れ合いながら語学を学ぶことにした。

そのカフェは10畳ほどの広さの縦長の店で、店内にはプラスチックの椅子とテーブルが並び、恰幅の良いおばちゃんと小柄のおばあちゃんを中心に6人の女性がにぎやかに働いている。ラペイエというミルクティーを飲みながらおしゃべりを楽しむコミュニティのような場所になっているようだった。

僕も入れてもらおうとカフェの椅子に座り、指差しミャンマー語の本を開いて勉強をはじめると、ミャンマー人は人懐っこい性格の人が多いせいか、すぐに興味をもっていろいろな言葉を教えてくれた。

そのカフェで僕はミャンマー人の多くが知っている日本の歌、長渕剛さんの「乾杯」をギターで弾きながらミャンマー語で歌ったり、歌詞をミャンマー語で書いて勉強したり、カフェのおばちゃんたちと一緒に市場に行ったりして、楽しい日々を過ごしていた。

ちなみに、なぜ僕が「乾杯」を現地語で歌うことができたのかといえば、ミャンマーに行くことが決まったときからすぐに東京の高田馬場にあるミャンマー語の教室に通っていたからだ。後期臨床研修医として働いていたときに、みんなの勤務調整（当直表づくり）をさせてもらう代わりに、土曜日の半日だけミャンマー語の勉強をするためにバスで往復5時間かけて通わせてもらっていた。

ただ、研修医時代は36時間働いて12時間休むような凄まじい生活をしていたので、ミャンマー語の授業中も眠くてあまり上達はしなかったのだが、「ミャンマー人と仲良くなるために〝歌〟が助けになる」という有力情報はしっかりと得て、今度は勤務先の病院の近くのギター教室にも通った。そこで長渕剛の「乾杯」を1曲だけ練習して弾けるようになっていたおかげで、カフェのおばちゃんたちとすぐに仲良くなることができたというわけだ。

せっかく仲良くなれたのに名残惜しかったが、僕らはヤンゴンから飛行機で1時間ほどのマンダレーへ飛び、そこからさらに車で1時間ほどの The Wachet Jivitadana Sangha Hospital へ移動した。ここがこれからの本格的な活動の場所となる病院だ。

僕はそこで一緒に働く仲間であるミャンマー人看護師と1日も早く仲良くなりたいと思い、日本語教室や、日本の歌とミャンマーの歌の発表会を開いたりと、いろいろなことを企画しては実施していた。それが形になり、国を越えて、言葉を越えて、打ち解け合えたことは、国際協力をずっと続けていきたいと思っていた僕にとっては大きな自信になった。

その頃にミャンマーには面白い文化があると知った。

仲良くなると外国人に対してもミャンマー語の名前をつけるのだ。

僕は大学時代からラグビーと相撲をやっていて筋肉質な身体をしていることに加え、1つ20Kgほどの水サーバーのタンクを両肩に担いで階段を上っている姿から、ミャンマー人看護師から、

「大村先生はBala（バラー：ミャンマー語で〝力持ち〟）ですね！」

と名付けられた。

そこから僕はアジアでは自分のことを「Bala」と紹介するようになった。僕のドキュメンタリー映画「Dr．Bala」のタイトルになった名前は、こうして現地の人たちからもらったものだ。

こんな風にして、僕は現地に溶け込んでいった。

11 相手へのリスペクトなくして、リスペクトされることはない

僕が現地にいち早く溶け込むために大切にしていることは、〝現地の人たちへの尊敬の念をもつこと〟である。

医師が海外で医療ボランティアを行うために最も必要とされるものはもちろん医療技術だが、実際は技術があればいいわけではない。現地の患者から「この人の診察を受けたい」、医師から「技術を教えてもらいたい」と思われなければ、そこで続けていくことはできないからだ。つまり、お互いへの尊敬の気持ちが絶対に欠かせない。

僕はミャンマーで現地の人から尊敬されるために、まずは自分が現地の人を尊敬することからはじめることにした。尊敬するって、結局は心の問題だけれど、それを行動で見せないことには相手に伝わるのに時間がかかってしまう。

そこで僕はできる限り、現地の人たちと同じことをするように心がけていた。

服装も日本からもってきた洋服ではなく、現地の人が着ているロンジーと呼ばれる、ロングスカートのような民族衣装を着た。また、ミャンマーでは雨が降ると外に出て、石鹸をもってシャワー代わりに浴びる習慣があったので、僕は雨が降りはじめると誰よりも早く飛び出していき、服を脱ぎ、全身ずぶ濡れになって、みんなと並んで身体を洗った。

ミャンマーのカフェで現地の方たちと

その後もなるべく現地の人と同じ服を着て、同じことをやるように意識的に行動した。僕は決して現地人にはなれないし、これが正しいのかはわからないが、大切なことだと思っている。これだけで心の距離がグッと近くなるものだ。

食べるものや飲み物も基本的には現地の人たちと同じものにする。

ミャンマーでは川の水を冷やしてあって、少し色がついている水が飲料水としてお寺などでは出てくる。川の貝や生エビは本当に要注意だけれど、やはり僕は勧められると食べてしまう。ラオスで勧められた貝は、食べた後から強烈な吐き気と下痢に襲われて本当にえらい目にあったこともあるけれど。

現地に溶け込むための最大の手は〝一緒に歌って、踊ること〟だ。

そういう場では僕のような外部の人間が最初に手を挙げてやるか、指名されたらすぐにやると、場は一層盛り上がる。

現地に溶け込むと、その場がアウェイからホームへと変わり、そこでの人生を楽しむことができる。そして、まわりも警戒心を解いて、笑顔で過ごすことができる。つまり、全員にとってハッピーな状態をつくることができると思っている。

こんなことを書いている僕だが、じつを言えば基本的にあまりこういうことが得意な性格ではない。だから意識せずに自然に人と溶け込むことができる人を見ると本当に羨ましく思う。

でも、だからこそ思う。こういう人間関係も、努力で絶対なんとかなる。

12 嫌われることを恐れず、1人でもやり続ける覚悟をもつ

ミャンマーで現地の人たちとの距離を縮めることに成功した僕だが、一方で〝組織の内側〟では大きな困難に直面していた。

前述の通り、僕は他の看護師と一緒に語学学校に通うことは断り、カフェで勉強するなど独自の行動を取っていた。一方で看護師チームは毎日バスに長時間揺られて語学教室に通い、勉強をして、夕方に帰ってきてからは僕が指導する身体診察や手術の勉強会と、休む時間もない状態だった。

慣れない環境もあり、みんな疲れが溜まっていたのだと思う。

いつの間にか「大村先生は1人で遊んでいる」と陰で言われるようになり、明らかな隔りができるようになった。現地の人と距離を縮められたと喜んでいたら、仲間との距離が離れてしまっていたのだ。

人間は辛くなると誰か1人を攻撃して、その他でまとまる習性があると言われる。このときもまさにその通りで、看護師たちの結束は強くなり、僕はどんどん孤立するようになっていった。それは宿の中に限った話ではなく、医療ボランティアの現場でも孤立感は深まるばかりだった。

気がつけば仕事中以外はほぼ無視される状況になっていた。

僕のアジアにおける医療ボランティア活動をまとめたドキュメンタリー映画「Ｄｒ．Ｂａｌａ」では、このときに悩んでいる僕の自撮りシーンがある。

「大村です。ミャンマーに入ってからもう2週間経ちます。他の人たちと正直、今ちょっと孤立しつつありますが、ストレスも凄くあるけれど、その中で4か月という期間でどんなことを身に付けられるかということを考えていきたいと思います。まあ忍耐、忍耐。自分に言い聞かせて頑張ります」

日本にいたときに他の国際協力の団体の方から「現地で揉めるのは現地の人とではなく日本人同士だ。その次に揉めるのは日本にいる事務局と現地の日本人」と聞いていたが、全てがこの話の通りになり、僕は完全なる孤立状態に陥っていた。

そのような辛い状況の中で、吉岡先生が講演で言っていた「いろいろなことが起こる。それでもやり続ける覚悟」という言葉を改めて思い出していた。

最終的にこの問題がどう解決したかというと、現地の状況を見るに見かねた第三者が介入して、僕がみんなに謝ることでようやく関係修復へと向かうことになった。

当時のことを今改めて振り返ってみると、まだ医師4年目とはいえ、リーダーポジションである僕に短期間でチームをまとめる力がなかったからこういう事態が起きてしまったと思っている。僕に統率力があれば、こんなことは起こらなかったはずだ。

この辛い経験からは本当にたくさんのことを学び、現在に生かしている。僕が今、医療ボランティアのチームを率いる際は、まずはリーダーとして自分が掲げる医療のビジョンをチームメンバーとしっかり共有するようにしている。

そのうえで〝スケジュール〟と〝チーム体制〟をコントロールするようにしている。誰でも不慣れな環境で休む暇もないほどに仕事を詰め込むとストレスが生まれ、簡単に壊れてしまうことが実体験からよくわかっているので、全日程が1週間の場合は「スタッフは3日働き、1日休み、また3日働く」というスタイルにしている。

せっかく「医療ボランティアをしたい」とポジティブな気持ちで参加してくれているのだから、みんなにはなるべく「来てよかった」と思ってほしい。言いたいことは上下関係なく言い合えるように、普段からジョークを交えながらコミュニケーションを取り、関係性を深めるように努めている。

このように内部に対する配慮は必要だが、僕が何よりも大切にしていることは、現地の医師や医療従事者たちに「今年も大村たちのチームが来てくれて良かった」と思ってもらうことだ。そのための努力ができないメンバーは必要ないし、自分もそのような世界観を提供できなくなったら、身を引く覚悟がある。

スタッフの自主性は重んじるし、休暇のコントロールもするけれど、自分が大切にしている国際協力のビジョンや手術技術の質を高めることに関しては、決して譲れないものがある。

たとえ人に嫌われたとしても自分が自分を嫌いになりたくない。

リーダーはチームを円滑に回し、目的を実現するためであれば嫌われることを恐れてはいけない。自分に嘘を極力つかない。自分の心を削ることはなるべく少なくする。そうすれば自分が自分を嫌いにならない。

その結果として、1人でもやり続ける覚悟をもつ心が残る。自分の中に生まれた貴重な〝火種〟は、他者からも、自分からも、簡単に消させてはならないと僕は思っている。

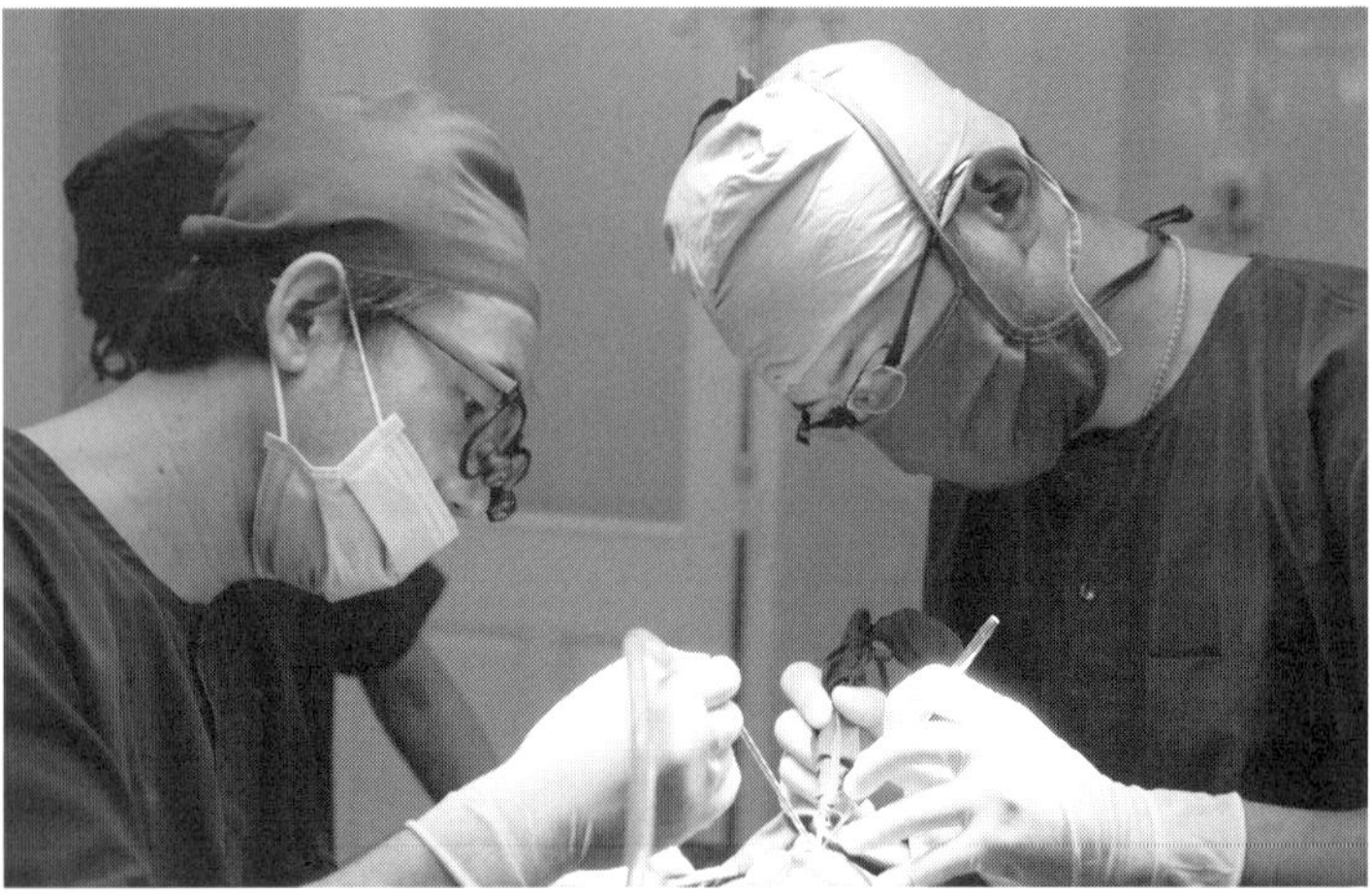

ミャンマーで吉岡秀人先生と医療活動を行っていた頃

13 欲求を自らコントロールする方法

初めてミャンマーで医療ボランティアをはじめた頃、僕は毎日、猛烈な眠気と闘っていた。滞在できる短期間で1人でも多くの患者を救うために早朝から深夜まで手術を行っていたため、睡眠時間は取れても3時間程度だったからだ。

眠いと仕事の効率は下がり、頭は常にボーっとしていてミスは増えてしまう。人の命を預かる大切な仕事をしているのにこんなことではいけない、自分で何とかしなければいけない、と危機感をもっていた。

そこで僕は「自分がなぜ眠いのか」を考えてみることにした。睡眠時間が短いことは大前提だが、それを延ばすことはできないので、他の視点でこの問題を捉えてみようと思ったのだ。

そのときにたどりついた答えは「睡眠欲という〝欲〟が強く出ているから眠いんだ」ということだった。

どうしたらこの欲を抑えることができるかを考えた。欲には睡眠欲以外にも、食欲、性欲など、いろいろな欲がある。睡眠欲1つだけを抑えようとしても難しい状態が現状であれば、いっそのこと「全ての欲を抑えてみてはどうだろう？」という思考に達した。「こちらの欲は抑えて、あちらの欲で発散しよう」ではなく、「全ての欲は連携、連動している」という仮説を立てて検証をしてみることにしたのだ。

そこで、その日からは毎回の食事を極端に減らすことにした。全ての食事を以前よりも8分の1程度にまで少なくして、そのぶんよく噛んで、ゆっくりと時間をかけて食べ、腹に落としていくことを意識した。最初は物足りなく感じていたが、だんだんと以前と同じぐらいの満足感を得ることができるようになっていることに気づいた。

その他にも「何かをしたい」と思った欲を全て抑えていくと、不思議なことに眠気も以前よりは抑えることができ、仕事もスムーズに回るようになった。体も軽くなり、仕事の精度が確実に上がった。また、食事も味を鋭敏に感じることができるようになるなど、五感が研ぎ澄まされていく感覚をこのときに初めて味わった。

このような生活を続けた結果、ミャンマー滞在期間で9キロほど痩せたが、帰国後に病院で検査したところ健康に問題は何もなかった。

この方法は日常の生活にも使うことができる。

本当に大切なものだけはしっかりと意識し、それ以外のものは削ぎ落とすことを他の人にも勧めている。

僕自身、本当に余分なものを削ぎ落として生きている。たとえば、僕がもっているバックパックはミステリーランチというアメリカの軍隊で使われているもので、とても頑丈なものだ。この鞄1つを10年以上使っているし、洋服も同じデザインの洋服数枚を着まわしている。「Dr. Bala」の映画を見ていたら、10年以上前の講演会で来ている服（ユニクロの紺の半袖のワイシャツとユニクロの白のパンツ）がまさに映画を見ていたときの洋服と全く一緒でびっくりしたほどだ。

パソコンなどのデジタル関係もいちばん自分に使い勝手の良いものをずっと使っている。外食は滅多にしないが、する場合もいつも同じ店だ。その代わり、残りの意識を手術や国際協力のことに使っている。

そうするとやはり、興味があちこちに行かなくなり、フロー（日本語ではゾーンと言われている）に入りやすい気がする。僕はそんなに器用にいろいろなことができないので、こういうことをより強く意識している。

もしかしたら僕が13時間にも及ぶ難度の高い手術を行うことができる秘訣は、ここにあるのかもしれない。

14 常識や型に縛られない

ミャンマーでの半年間にわたるボランティア活動を何とか無事に終えることができた。

「他の国や他の団体の国際協力の状況も見てみたい」

活動期間中に僕はそう思うようになっていた。いろいろな活動を自分の目で直接見て、自分が今後目指すべき国際協力のあり方を考えたいと思ったからだ。

そこで単身、ネパールへと渡った。

ネパールでは特定非営利活動法人「国際交流の会とよなか（ＴＩＦＡ）」の方に出会った。ＴＩＦＡは市民による身近な国際交流・国際協力を目的として１９８５年に大阪府豊中市にて発足した団体で、ネパールでは小学校の設立や、孤児が自分の力で生きていけるようにするために手に職をつける支援を行っていた。

ＴＩＦＡの行動力は飛びぬけていて、看護師の資格を取得した孤児の就職先がなくて困っていると「自分たちで病院をつくってしまおう」と、本当に病院を設立してしまったほどだ。

僕は彼らの理念に共感し、ＴＩＦＡ側からも「医師として病院運営のサポートをぜひお願いしたい」と依頼され、少しの期間ながら関わらせてもらった。

ＴＩＦＡの活動に携わったことで初めてわかったことがある。それは〝国際協力の進め方〟

がミャンマーとネパールでは大きく異なっていたことだ。

ＴＩＦＡが小学校を設立した際にお祝い会が開かれ、僕も出席させてもらったことがある。その会にどんな人たちが参加しているのだろうとメンバーを見てみると、そこには学校関係者以外に政治団体の代表がいて、主賓のような扱いを受けていた。それはミャンマーでは見なかった光景である。

気になって調べてみると、「ネパールで国際協力をする際は、必ず主要な学校関係者と政治団体に声をかけたほうがよい。1つでも抜かすとクレームが入って活動ができないことがある」ということがわかった。

一方で、ミャンマーは敬虔な仏教徒の国のため、〝情報の要〟になっているのはお寺であり、事前に近くの大きなお寺に対して「こんな活動がしたい」と話を通しておくとスムーズに活動を進めやすくなる。

国によって事前に話を通すところがこんなに違うのだとわかったことは大きな収穫で、ＴＩＦＡに参加せずに僕1人でアジアのさまざまな国に渡り国際協力を進めようとしていたら、絶対にわからなかったことだった。

その視点をもってアジアのいろいろな国を周って見てみると「国ごとに異なる習慣がある」

「国際協力、医療ボランティアの形は1つではない」ということがわかりやすく見えてきた。国や団体によって常識は変わるのだ。

それはきっと国や団体に限った話ではなく、あらゆる組織でも、個人においても常識は違ってくるだろう。そして、常識の違いを意識する重要性は国際協力に限った話ではないということに気づく。

日常においても「僕のやり方はこうだから」と自分の常識を意固地になって主張して貫こうとした結果、周囲から受け入れられずに頓挫してしまうことはよくあることだ。主張することが悪いという話ではない。そこに周囲への尊敬の気持ちが必要なケースもあるという話だ。

自らの型に縛られすぎるのではなく、客観的に情報を広く集め、その中で最適な解を探していくことが物事をスムーズに進めるコツだと、僕はこのときに強く実感した。

15 自分たちの力は誰よりも自分たちが信じる

ネパールを経て、僕は2008年にタイの首都バンコクにあるマヒドン大学に短期留学をした。その理由は、アジアで医療ボランティア活動を続けるためにはマラリアなどの「熱帯医学」の知識が必要になると思ったからだ。

マヒドン大学には、イタリア、イギリス、アメリカ、スウェーデン、オーストリア、ミャンマー、中国、タイ、日本など、13か国から35人の医師が集まっていた。彼らと話してみて強く感じたことは、誰もが貪欲に自分のキャリアを築こうとしていたことだ。熱帯医学の資格を取得すると、「国境なき医師団」など人気のNPOに応募できるようになるため、全員が明確な将来設計を携えて、本気で資格を取りに来ていた。

入学から数日後に全員で歓迎会をやろうという話が出て、なぜかなりゆきで僕が歓迎会の幹事をやることになった。だが、これだけ多くの国からさまざまな人種が集まっていると「みんなで一緒にごはんを食べる」ということ自体が簡単なことではないことに気づかされる。

それは宗教的に食べられる食材が違うこともあるが、何よりも問題になったのは〝お金〟だった。

当時のミャンマーや中国の医師が得ている月収は日本人の僕らの10分の1程度で、寮のお金を節約するために1部屋に数人が泊まり、食事は自炊。一方で欧米人の医師や僕は1人1部屋で、毎日外食をしている。タイでの外食費は1食500円程度だが、それが高いか、安いかは月収が大きく影響するのは言うまでもない。

そこで欧米系の仲間に「どうしたらみんなで楽しめるかな?」と相談してみると「僕らがみんなのぶんのお金を払うから外のお店でやろう」と言う。でも、同年代、もしくは自分たちよりも医師の経歴が長い医師もいるのに、僕らのほうが高収入だからとお金を払うことに違和感を覚えた。

お金が惜しかったわけではなく、〝対等ではない関係性〟をつくることが良いこととは思えなかったからだ。アジア系の医師にも話をしてみても、返ってきた答えはやはり「それなら自分たちは行かない」だった。

悩みに悩んだ挙句、全員が対等な立場で楽しめるように、寮の広場に各自が食事を持ち寄って、お酒を飲みたい人がいれば持参するパーティーをしたところ、歓迎会はみんなが参加してくれて楽しい会になった。答えはとてもシンプルだった。

僕は歓迎会の幹事をやったり、普段もみんなの前でピアノやギターを弾いたりしていて盛り上げ役のような存在だったからか、その後の投票で学級委員に選ばれた。

マヒドン大学での様子

学級委員としての最初の仕事は「ミャンマー人がイギリス人に教科書を借りたがっているけれど、英語を話せないし、話しかけられないから、かわりにお願いをしてくれないか？」というものだった。

「そんな小学生みたいなことを……自分で言えばいい」と思ったが、多くのアジア人が欧米人に対して強いコンプレックスをもっていると実感することは歓迎会に限らず多々あり、そこには〝見えない壁〟が確実にあると感じていた。

僕自身も英語は得意ではないから、しっかりとした英語の文章を頭でつくってからでないと話しかけてはいけないような気持ちになることはよくわかる。とはいえ、その中でも日本人というのは不思議な立ち位置で、英語が話せないコンプレックスは僕にもあるものの、給料やものづくりの技術、文化など、ある意味では欧米人と同等、またはそれ以上のものがあると思っているため、そのコンプレックスは彼らよりも比較的少ないと感じていた。

そんな立ち位置の僕だからこそ「日本人はアジアと欧米の架け橋になれるのではないか?」と思うようになった。さらに言えば、日本がアジアをリードする国になるとも思っている。

ただ、近年も僕がアジアの学会に招待されて行くと、現地でアジア人はアジア人同士を低く見ていて、西洋人にへこへこしているような印象を受けることがある。2024年の4月に行われる「Endo Kuala Lumpur」という頭蓋底の学会で参加者の前でデモをするアジア人は同学会の学会長と僕の2人だけで、あとは全員西洋人とのことだ。

何年かかるかわからないけれど、アジア人のプレゼンスをもっと上げたいと心から思っている。だからこそ僕が関わらせてもらっている慈恵医大病院の手術研修会のみならず、台湾の手術研修会やフィリピンでの手術研修会は「世界で一番の手術研修会にしたいんだ」と、まずは言葉で現地の医師たちに話をしている。

「そんなことは無理だ」と、みんなまだ言っているが、「絶対に僕たちはできる」と僕は言う。まずは自分たちの力を信じることからだ。

16 学んだことを工夫しながら現場で生かす

マヒドン大学留学中に、その直前まで僕が生活の拠点にしていたミャンマーは歴史的な超巨大サイクロン・ナルギスに襲われ、甚大な被害に見舞われていた。忘れもしない2008年5月2日のことだ。

1か月前まで滞在していたミャンマーが、死亡者・行方不明者は約14万人、家を失った人は約10万人と言われる、過去に類を見ないほどの深刻な状況に陥っていた。ミャンマー人も「この国はサイクロンがよく来るが、これは人生で見たことがないレベルのひどいものだ」と嘆くほどだった。

ミャンマーには仲良くなった看護師、カフェのおばちゃんたち、僕の診察や手術を受けてくれた人たちがたくさんいる。その人たちの顔を思い浮かべると「タイでのんびりと勉強をしている場合じゃない」と、体が震える思いがした。

僕はすぐにマヒドン大学を自主退学して、ミャンマーに行くことを決めた。

この時点で退学すると、6か月のコースのうち1か月しか参加していないため、せっかく入ったコースが無駄になってしまうことになったが、それよりも大切なことが僕にはあった。

熱帯医学コースでは中間試験があり、途中段階の修了を意味する〝Certificate〟までは取得することができた。

マヒドン大学を自主退学したことについては今も一切後悔していない。お世話になった人たちを助けるためにすぐに行動を起こすことに勝るものはない。


まずはタイにあるミャンマー大使館に行き、医療ボランティアを行うためのビザを申請したが、非常事態で全ての対応が遅れており、ビザが下りるまでに時間がかかるという。

心のざわつきが止まらない。

それからは毎日、ミャンマー大使館を訪ね続けたが、待つ以外に道はないようだった。

それでも待っているだけでは心が落ち着かないので、熱帯医学のコースに在籍していた数人のミャンマー人に声をかけて、タイで寄付金を募ることにした。僕は日本人の駐在員や経営者などで構成されたラグビーチーム・バンコクジャパニーズに所属していたこともあり、日本人を中心に企業や飲食店に手作りの募金箱を置かせてもらうなど、みんなで駆けまわり、その結果、短期間で180万円もの寄付金を集めることができた。

数週間が経過して、ようやくビザが下りてミャンマーに入国できることになり、その寄付金を握りしめ、ジャパンハートの支援活動に参加した。

現地で被災地支援活動中に、ある村から「デング熱が発生していて困っている」という相談があった。それはまさに僕がタイで学んできた熱帯医学を活かせる領域だ。

マヒドン大学在学中に「疫学の父」として知られるイギリス人医師のジョン・スノウがコレラを発見したときの話を聞いたことがあった。

1854年にロンドンの一部地域でコレラが発生し、当時は発生源がわからずに悪い空気が原因という説が信じられていたところに、スノウが感染者のいるポイントを地図に点で記録していった結果、井戸のまわりから感染が広がっていると気づき、原因の場所を突き止めたのだ。

その話を思い出した僕は、デング熱を媒介する蚊は50メートル程度しか飛べない（一方でマラリアを媒介する蚊は遠くまで飛べる）

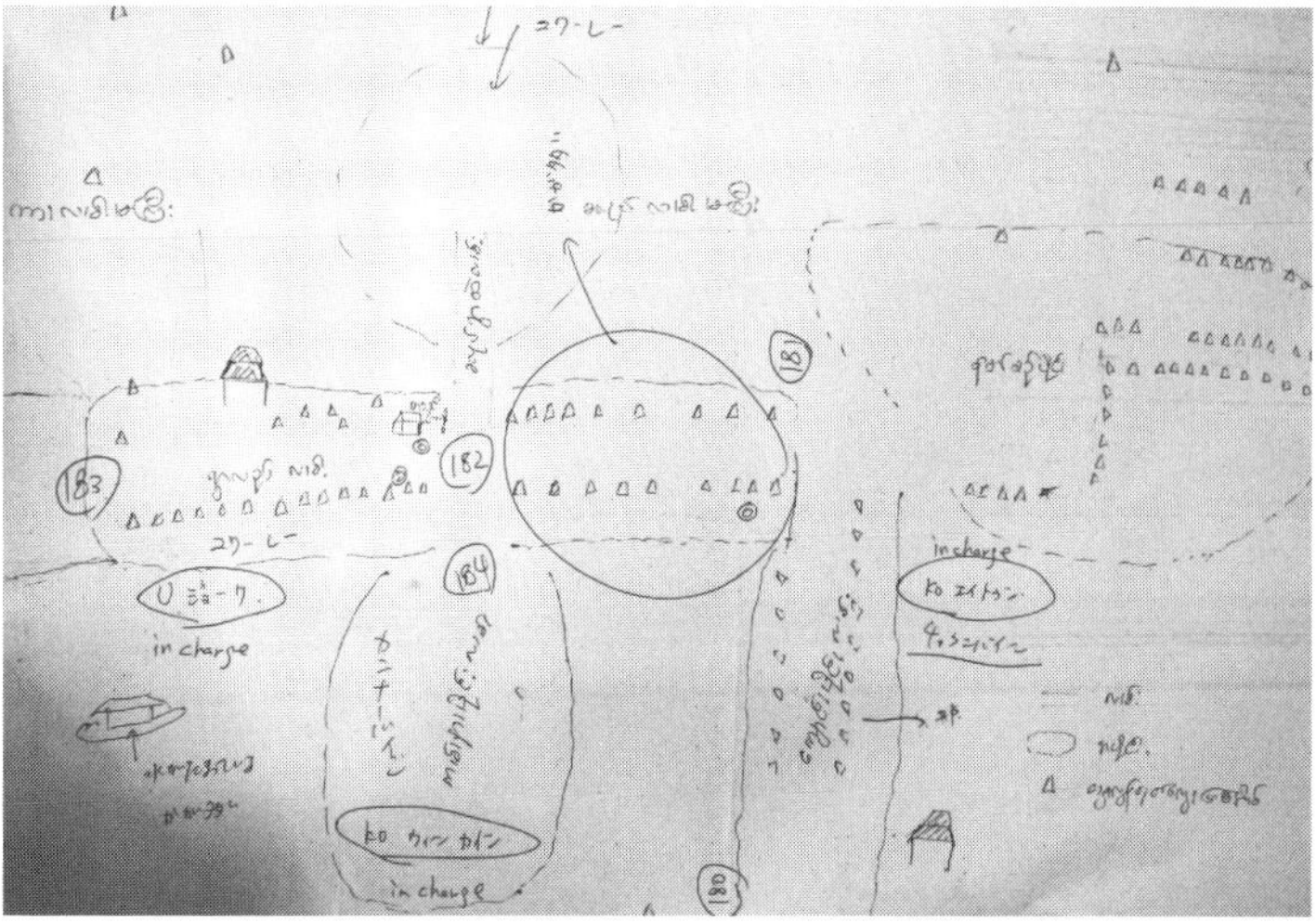

デング熱の対策の際に作成した村の地図

ことを知っていたので、スノウの地図に点をする方法を今回も活用できるかもしれないと考え、デング熱の感染者がいるポイントを記録していった。

同時に、マラリア対策の専門家である中村正聡先生や現地の昆虫学者と連携して活動を行った。

現場で採集した蚊の幼虫であるボウフラを顕微鏡でチェックし、デング熱を媒介する蚊であることを確認し、マヒドン大学の熱帯医学の先生に連絡してボウフラの成長を阻害する殺虫剤を現地に送ってもらい、ボウフラを駆除する対策も実施した。

その他にも、ボウフラが発生する可能性のある水たまりを極力なくすことが結果的に蚊の発生を抑制するため、現地の子どもたちに「水が溜まっているお皿などが地面に落ちていたら水をひっくり返して幼虫を成長させない」ということをわかりやすく伝えるために、ミャンマーでも知られている日本の有名な歌「幸せなら手をたたこう」の替え歌をつくったりと、そのときにできることを全て行った。

この対策で実際にデング熱の患者がどの程度まで抑え込むことができたかは正式に調査できていないのだが、現場で困っている問題をその都度、専門家の助けを借りながら住民と共に介入できることはとても学びのある経験だった。

デング熱対策と並行して、全ての被災地で「僕にできることはないか」と考え、被災地の状況を調査して記録することを思いついた。被災地支援は被害の大きい地域ばかりに目を向けられがちだが、被害は甚大ではなくても支援を必要としている人がいると現地で実感していたからだ。

そこで、村の人たちの家族構成、どのぐらいの給料で生活しているのか、被災後に仕事はあるのかなど、僕だけではなく現地ボランティアのミャンマー人も簡単に記載できるフォーマットに落とし込んで、情報を蓄積していくことにした。そうすることで被害の状況を可視化し、被災地ごとに〝最適な支援〟を行うことができるようになり、支援の終わりまで見通した全体の計画を立てられると考えたのだ。

支援のための人材とお金が無限にあるのであれば、全ての地域にフルサポートで臨めばよいが、実際の被災地支援はリソースに限りがある。限られた人材とお金を適切に投下していかなければ、最初は支援がスムーズに進んだとしても必ず途中でその支援は破綻する。

僕たちは調査により可視化した現地の状況をもとに、支援のグレードを複数段階用意することにした。たとえば、サイクロンで家も仕事もなくなった人たちにはフルサポートをするが、家財は流されたけれど拾って集めて洗って使うことができる状況であれば、全てのサポートは必要なくなるからグレードを下げる。

また、支援の内容は常に一定ではなく、時間経過とともに変化させていくことも提案した。なぜなら1週間前は他の国際団体からの支援が入っていたと思ったら次の週には打ち切られるということもあり、前回と同じ支援内容ではマッチしなくなっていたからだ。

ミャンマーではこのフォーマットと段階別の支援を実施して、その後の計画も立てながら随時アップデートしていくことで、1人でも多くの人を支援することができると証明できたと考えている。

このときに培った調査と記録のフォーマットは、その後、2011年に発生した東日本大震災の際、福島に支援に行ったときにも役立った。

17 正解は1つではない

ミャンマーにおけるサイクロン被災地支援がようやくひと段落ついた頃、改めて他の国の国際協力の現場を見てみたいと思った僕は、2008年に人生初入国となるカンボジアへと足を踏み入れていた。

カンボジア入国前にひたすらインターネットで「カンボジア 医療」と検索して、出てきたNPO団体に「話を聞かせてほしい」とメールを送り、許諾の返事をもらったところをリストアップしていた。さらに入国後は街中を歩いていて病院らしき場所（と言っても、日本の病院とは異なり、雨ざらしの玄関のような入口の建物）を見つけると、ふらふらと入っていって、中を見学した。

今だったらJICAやカンボジアにある日本大使館に行けば情報を教えてくれたり、関係者に繋いでくれたりすると思うが、当時の僕はそんなことは知らず、1つひとつ手探りで、足を使って情報を集めていた。

その過程では素敵な出会いが数々あったが、同時に、大いに考えさせられる出来事もあった。

ある日本のNGO団体の医師に会ったときのことだ。僕がそれまでに行ってきた医療ボランティア活動の内容を伝えると、

「その活動はサステナビリティに則っていない」

と、いきなり説教をされたことがある。

国際協力には2つの軸がある。簡単に言えば、1つは現地に行き自らが手術をする活動であり、もう1つは現地の人材を育てる活動だ。

僕がそれまでにやってきた活動は前者であり、「君は国際協力の第一原則を知っているのか？　サステナビリティだ。現地に行って自分たちが手術をするだけではその国の医療レベルは発展しないから意味がないんだよ。邪道だよ」と、目の前で言われたのだ。

正直なところ、（同じようにアジアで国際協力をしている日本人同士なんだから快く迎えてくれよ……）と思ったが、その後も現地の日本人が同じ日本人をけなす、というシーンを国際協力の現場ではたくさん見ることになる。これは国際協力の悲しい裏側の1つだと僕は思っている。

僕はその医師の言葉に対して腑に落ちないことがあった。

サステナビリティを高らかに謳う国際ボランティアの人々がいる一方で、タイや諸外国はホテルのような病院を建て、高額で現地の医師を雇用している。現地の医師やスタッフを雇い、雇用を創出しているものの、医療も〝資本化〟の波に抗えない現実があるわけだ。

そんなことを考えて心がモヤモヤとしているところに、アンコールワット周辺でスイスの医療系NPO団体に所属する著名な小児科医が、毎週チェロを弾きながら医療ボランティアの活動報告を行っていると聞いた。この団体も僕がやってきたことと同じように現地で自ら手術を行っており、例の日本人から言わせれば「サステナビリティに則っていない」団体である。

僕はすぐにアンコールワットに行き、演奏終了後に自分が言われたことをそのまま著名な医師に対して質問してみた。

「サステナビリティについてはどう考えていますか？」

その小児科医はおそらく数えきれないほどに同じことを言われ続けてきたのだろう。あからさまに嫌そうな顔をして、

「キミはこの国で僕が何人の子どもを助けたのか知っているのか？　その目で見たのか？　僕がやらなかったら誰がやるんだ？　この国の医師ができるのか？」と言った。

——僕は言葉を返すことができなかった。そして彼の言葉により、ますます何が正解なのか、わからなくなっていった。

その後、カンボジアで起きた〝あること〟をきっかけにして、僕が考える国際協力の1つの答えが出る。

18 モヤモヤを大切にすると、いつか納得する答えが見つかる

当時のカンボジアには驚くべきことに救急システムが存在しなかった。

119番にかければ救急車がすぐに来てくれる、という日本での当たり前のものが存在せず、事故が起きると近くを走っている一般の車から運転手が飛び降りてきて、けが人を載せ、病院へ運ぶと、病院から報酬がもらえるというシステムだった。

僕がカンボジアに滞在していた2008年頃に特定非営利活動法人TICOおよび公益社団法人セカンドハンドという2つの団体が、アフリカで構築した救急システムをカンボジアでも確立しようとしていた。

僕は日本での後期研修で救急救命を学んでいたこともあり、TICOを通して、JICAの短期専門家として現地の医療関係者に対して「ファーストエイド教育」(救急救命の場でどのように患者を診て、どう対処すべきか)を指導する役割を担うことになった。

最初の訪問では現場の救急隊や市の病院に勤める医療従事者たちを指導し、2回目にその彼らが指導者として他の医療従事者をうまく指導できるように指導するというスキームだった。

1回の滞在が数週間で、数か月経過した後にまたカンボジアに戻り、僕のファーストエイ

ド教育を受けた現地医療スタッフと再会し、ヒアリングを行った。同時に、今度は彼らが実地で身につけた内容をどうやって他の医療従事者に教えることができるか、その方法を考えていた。

ヒアリングをしていたときにこんなことを言われたことがある。

「少し前に小さな子どもが地雷を誤って持ち上げてしまい、爆発して両手が飛ばされたことがあった。その際に、大村医師が教えてくれたファーストエイドのやり方で判断した結果、より高度な病院にすぐに運ぶことができて、その子は命が助かった。ありがとう」

地雷による事故は本当に痛ましく、悲しいことだが、それでも一命をとりとめてくれたことで僕の心は救われる思いがした。

その経験は「国際協力の正解は何か？」とモヤモヤしている僕に一筋の光を見せてくれた。

それまでの僕は自分自身が医療行為を行うことをメインに活動していたが、現地医療スタッフに指導し、〝僕のいない

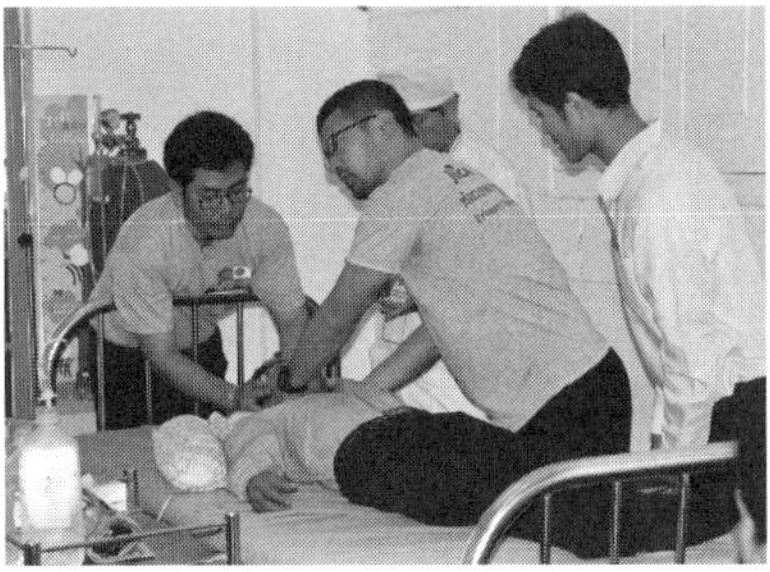
カンボジアで救急救命科として入っていたときにファーストエイドを教えているところ

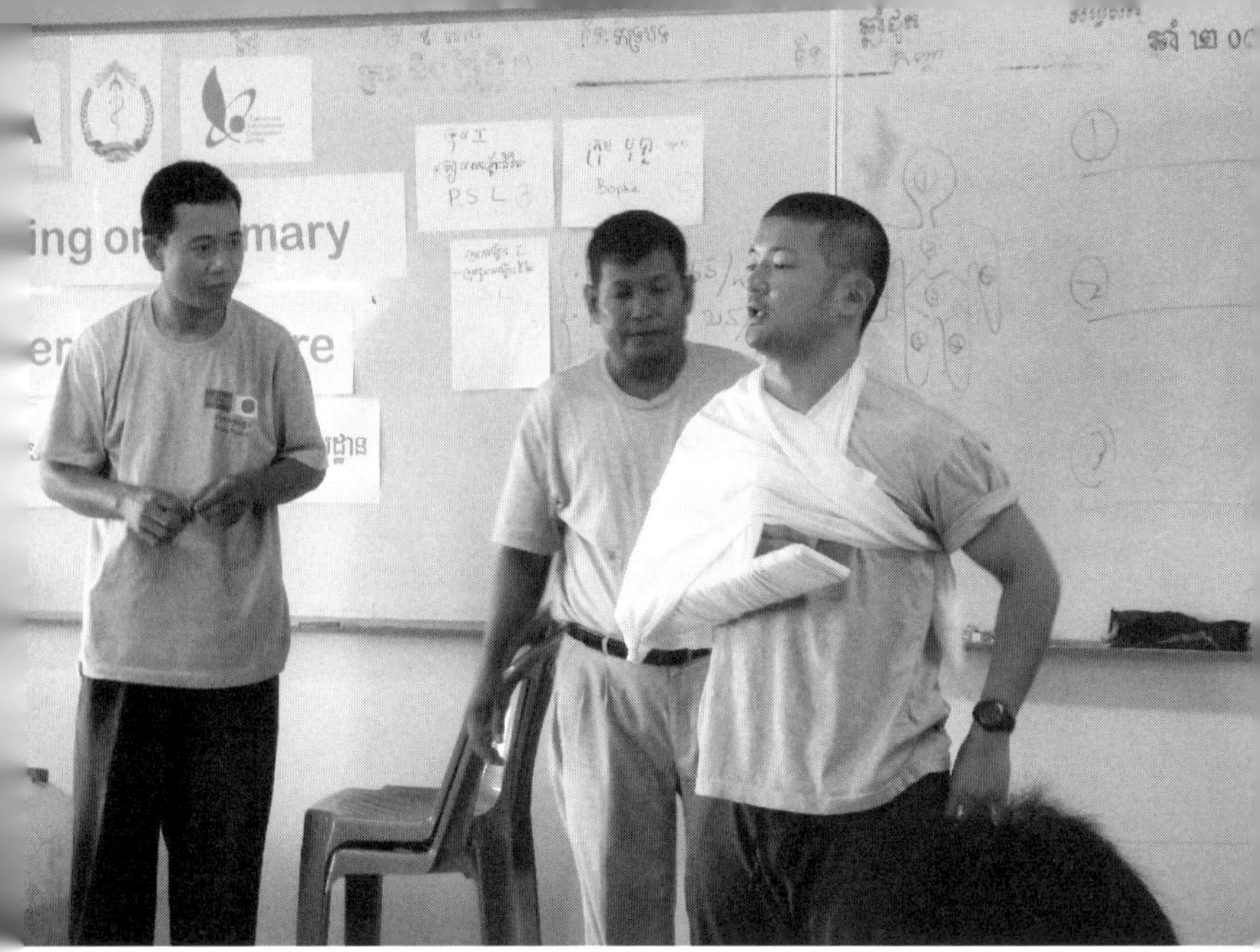

場所〟で彼らが医療を実践して患者さんを助ける、という経験をこのときに初めてした。
この経験をきっかけにして、僕は「自分1人で医療を行う」のではなく、「現地の医師とお互いに尊敬する関係をもち、交流と育成をしながら、最終的には現地のスタッフだけで医療が回る世界をつくりたい」と思うようになった。
それこそが自分の将来の活動に繋がる気がしたのだ。
大切なポイントは〝お互いに尊敬する関係〟である。僕が現地の医師に医療技術を教えたとしても、最終的に採用する技術などは彼らが決めることになるため、無理やりこちらの技術を押し付けたとしても意味がない。僕がいるときはそのようにやっていても、僕がいなくなった途端に違うやり方に変えてしまうことは実体験からわかっていたからだ。

　現地の医療従事者を尊敬することは、彼らの判断を頭ごなしに否定するのではなく、尊重することである。相手を尊敬して、対話を繰り返しながら、より現地に馴染むやり方を一緒に探すというアプローチこそが、僕のできる国際協力の特色なのではないか——そんな風に考えるようになった。

　そして、このとき以降、僕なりのサステナビリティである理想の実現に向けて、人生を懸けて奔走することになる。

19 この経験が今の僕を強くした

「耳鼻科医になろう」

カンボジアでの出来事の翌年、2009年に僕はネパールでその決意を突如として固めた。医師として極めるべき専門領域がまだ定まっていない後期臨床研修の途中でアジアの国際協力へと飛び出してから2年後のことだ。

事の経緯を語るため、ここで少し時計の針を巻き戻す。

2005年の初期臨床研修中に吉岡秀人先生の講演を聞いた僕は、「将来、何科の医師になるにせよ、とりあえず必要な能力として、まずは医師として目の前の患者の命を守る技術を身につけたい」という思いを抱いた。そのため、後期臨床研修では救急救命科で勉強をさせてもらうことにした。

実際に救急救命を学んでみると、特定の症状の患者だけでなく、あらゆる状況の患者が運び込まれてくるため、さまざまな科目の知識をまんべんなく押さえておく必要があると思い知った。

当時の救急救命科の上司は非常に頭の柔軟な人で、数か月単位で週に一度はさまざまな科に出向して勉強をする機会をくれた。その出向できる科として僕は耳鼻科に目をつけていた。

なぜなら耳鼻科は、鼻、耳、喉などさまざまな部位の疾患を診ることができるうえ、救急救命のときに重要な〝気道緊急〟というスキルも学べるからである。気道緊急は本当に重要なスキルで、現在の僕は〝気道トラブルゼロ〟を目指して全国で気道緊急のレクチャーをしているほどだ。

その頃、旭中央病院の耳鼻科に慈恵医大病院から出向になっていた先生が大学時代のラグビー部の先輩だったということも手伝って、僕は救急救命科を週5、耳鼻科を週1で学ぶという、前代未聞の2科目同時進行で後期臨床研修を実施することになった。耳鼻科チームがやりたがらない夜間の救急対応などをほぼ全て僕がやる代わりに、週1回、外来および手術見学をさせていただくというお互いWin–Winの関係をつくることができたのだ。

そのうちに外来を任せてもらうことになり、最終的には、病院全ての気管切開が必要な患者は僕が全てやらせてもらうという体制にもなり、耳鼻科の手術を通して外科の面白さも学ぶことができた。

つまり、この頃の僕の医師としてのバックグラウンドは、救急救命科と耳鼻咽喉科のミックスという特殊なものになった。

それでも将来、何科のスペシャリストになるかは心が定まらないまま後期臨床研修を1年で中断する形でミャンマーに行き、医療ボランティア活動をはじめた。

アジアで国際協力を2年間続けている間に極めるべき専門領域を考えてはいたものの、僕は決めかねていた。そんなときにある〝事件〟とでもいうべき出来事が、ネパールで起こった。

僕は2009年1月に二度目のネパールへと渡った。ジャパンハートの新たな活動場所をネパールの中で探すためだ。

あらゆる病院を見てまわり、中にはバスで15時間かけていくところもあった。すぐ隣が崖という山道を、日本では明らかに過重積載と思われるバスで揺られ続けて向かう。バスの右前方にあるミラーには赤いバンダナが巻いてあり、運転手は「こうして神様に祈りを捧げているから事故は起きないんだ」と言うが、そんなことで僕の気がまぎれるわけがなく、心の中でずっと「頼むから事故を起こさないでくれ」と祈る道中だった。

さらに、ミャンマーやカンボジアでは経験したことのない「バンダ」と呼ばれるストライキによって、予期せずに道が封鎖され、当初予定していた日程は大幅に遅れる可能性があるということがわかり、なおさら不安を感じた。

この実体験を通して、医療ボランティアの活動拠点は、空港から近い病院か、首都に限るようにしようと考えていた。病院に行くだけで膨大な時間がかかったり、また不測の事態が起こったりしたら、移動時間だけで全てが終わってしまい、医療活動ができないからだ。

その後、ネパールの首都カトマンズに戻った僕は、首都近郊または空港の近くにある病院で日本の国際ボランティアの受け入れに興味がある病院を探すことにした。そして、受け入れに前向きな病院として、ネパールガンジというネパール西部、インドとの国境近くにある病院を紹介された。その病院の理事長は会社の経営者との二足の草鞋を履いている方で、カトマンズで会う機会をいただいた。

その理事長と話をしたらぜひ一緒にやらせてほしいと好感触だ。

「ただし、現場の医師たちに直接話をして許可をもらってくれ。あいつらはモンスターのようなものだから」

と言った。その言葉の意味がよくわからなかったが、医師へのプレゼンのハードルがかなり高いことだけは感じることができた。

僕は自分がやりたい国際協力の形を「モンスター」と呼ばれている医師たちにも理解してもらえるように、しっかりまとめて、数日かけてプレゼンテーションの準備をした。そしていよいよアポを取ろうと、担当である外科部長の医師に電話をすると、伝えられたアポの日程は3日後だった。僕はすぐに話したかったのに出端を挫かれた気分だった。そのときは協力先の病院を探すだけで既に1週間ほどの時間がかかっていたから焦っていたのだ。

3日後に病院に行き、待ち焦がれたプレゼンをはじめた。そこで僕はようやく彼らが「モンスター」と呼ばれている意味を理解することになる。

僕がプレゼンをはじめると、現地の先生たちは10分ほどで見向きもしなくなり、ネパール語で雑談をしはじめた。最初はプレゼンの内容に関する対応を討論してくれているのかと思ったが、時間が経つにつれてネパール語がわからない僕にも「これはきっと全く関係ない話をしているんだろう」ということがさすがにわかった。

3人の現地の先生方と僕の4人で話をさせてもらうために設けられた場所だったはずなのに、ものの数分で僕は〝空気〟のように扱われていた。

僕はこのプレゼンのために長い時間をかけてネパールの端っこまで来たのに、「なんだ、このざまは」と虚無感に襲われると同時に、そのときに不思議な経験をした。

「耳鼻科の医師になって技術の道を極めよう」

何の前触れもなく、突如として、そんな言葉が僕の頭の中に降りてきたのだ。

その理由は自分でもわかっていた。この状況を招いたのは「自分に技術がないからだ」と痛感していたからである。

現地の医師から必要とされるものは〝わかりやすい技術〟なのだ。高い技術があるからこそ人を助けられるのだ。研修医時代からの行動が全て繋がり、〝腹落ち〟した瞬間だった。

このことについては次の項でもう少し詳しく掘り下げたい。

もしかしたらこの辛く悔しい経験がなければ、その後の僕の人生はまた大きく違うものになっていたかもしれない。

常に慌ただしく動き回っていた僕は、それまでゆっくりと人生について考える余裕が一切なかったが、あの時間があったおかげで思考回路が繋がったのだと思っている。

20 相手が豊かになる方法しか受け入れられない

ネパールで僕が現地医師に相手にされなかった理由をもう少し深掘りしたい。

理由は、僕の活動は「お金にならない」と思われたからだ。これは2つのことを意味している。

1つは直接的な金銭の受け渡しに関することだ。

国際協力に取り組んでいると現地の病院から「許諾するかわりにお金を払ってもらえるか？」と、直接的、または間接的に求められることが少なくない。それが完全に悪いという話ではない。たとえば僕が医療技術の教育プログラムを現地で実施しようとした場合、現地の病院の大きな会議室を借りて講義をすることになるから、使用する場所の利用料がかかるのは理解できる。

ただ、実際はそれだけでは済まず、講習を聞きに来た現地の医師に費やした時間給もこちらが払うケースが多く、国際協力は〝する側の出費がとても多い〟のが現状だった。

そこに疑問をもっていた僕は、自分が主体で活動する際は「そういうことは一切しない」と決めていた。相手からすれば「こちらがお願いしたわけではなく、そちらが勝手に提案をしてきた」から、お金を要求するのは当然のことなのだろうが、僕はそれまでの経験を通して「国際協力はその国のために行っているものだからお互い様」と考えていたため、こちらが全てを負担することは理にかなっていないと思ったのだ。

その姿勢を明確に示すと、相手はあからさまに話を聞いてくれなくなった。国際協力の〝表側〟からは決して見えない「お金にならない話は聞いてもらいにくい」という〝裏側〟を痛感することは、これが初めてではなかった。

それ以前も、僕がカンボジアで救急救命科のドクターとして現地の医師にレクチャーした際に「日本や欧米では問診と身体診察を適切に行えば、必ずしもレントゲンを撮ったり、薬を出したりする必要はない」と伝えると、何となくリアクションが薄かった。

それは現地の医師がレントゲンの検査と薬を出すことで〝利益〟を得ているからだ。このようなことは理想を一方的に突き付けて簡単に解決できることではなく、とても難しい問題をはらんでいると思っている。

「お金にならない」のもう1つの意味は、僕がお金になる高度な医療技術をもっていなかった点だ。彼らに求められていたのはお金にならない身体診察の方法ではなく、「このスペシャルな医療技術を極めたらしっかりとお金を稼ぐことができる」というインパクトがある外科の技術だったのだ。

これに関しては、その後に日本に帰国して、当時の千葉大学学長であり、生物環境学者（農学）の古在豊樹先生と対談をしたときに共感する話があった。

古在先生は、サツマイモは少ない水と肥料で育てることができて、食べ物やアルコール飲料はもちろんのこと、乗り物の燃料や生分解性（微生物や紫外線で自然に分解する）プラスチック製品となるため、「サツマイモが世界を救う」と信じて活動を続けられていた。対談した際は、海外ボランティアでサツマイモのつくり方のレクチャーをされたときのエピソードを教えてくださった。

現地でのレクチャーを終えた最終日のこと。現地の人から古在先生が言われた言葉は「ハーブのつくり方を教えてほしい」だったという。お金になるのは、サツマイモではなくハーブだからだ。

僕はその話を聞いて、改めて「現地の人を豊かにする方法を伝えないと受け入れられない」ということを再確認した。この話がとりわけ僕の身にしみたのはネパールでの実体験があったからだ。

ネパールの病院で一生懸命に説明しても全く話を聞いてくれないその状況を目の当たりに

した僕は、2007年からスタートした「国際協力の第1幕」の幕を下ろす決意をした。

彼らは最も厳しい形で僕に〝国際協力の現実〟を教えてくれたと思う。

現地の人と国際協力を気持ちよく続けていきたいと考えている僕が選ぶべき医師の専門科目は、内科（手術を行わずに薬剤治療がメイン）ではなく、手を使う技術をもつ外科（手術による治療がメイン）だとよくわかった。そして〝耳鼻科〟はまさに外科であり、高度な医療技術が必要な領域だ。

（余談だが、現在の僕が行っている副鼻腔手術は外科の領域であり、この方法を学んだアジアの医師たちは現地でおそらく僕よりも裕福な生活をしている）

――日本に帰って高度な医療技術を極めよう。

〝国際協力の現実〟に打ちのめされながらも、僕は次のステージに向けて決意を新たにしていた。

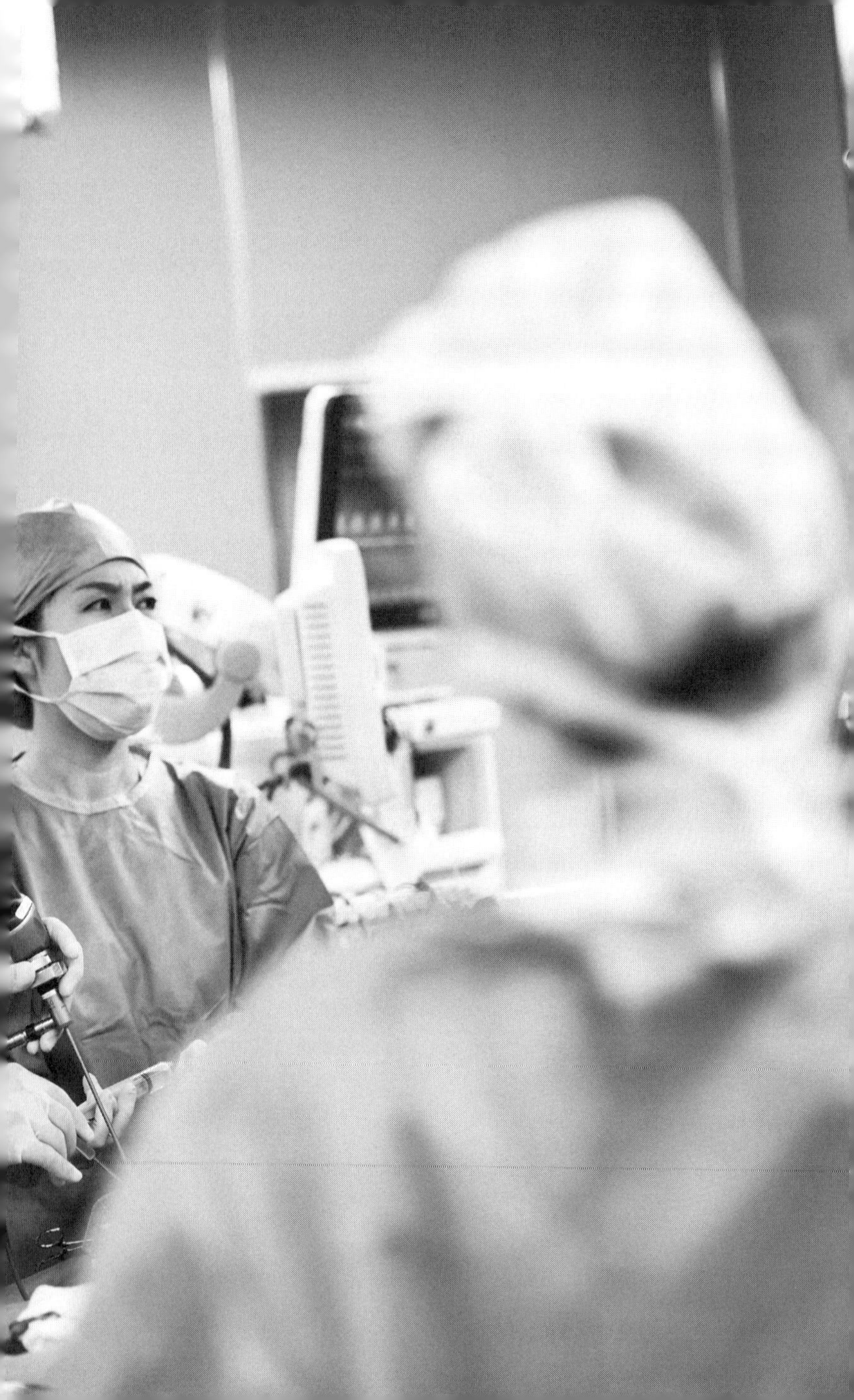

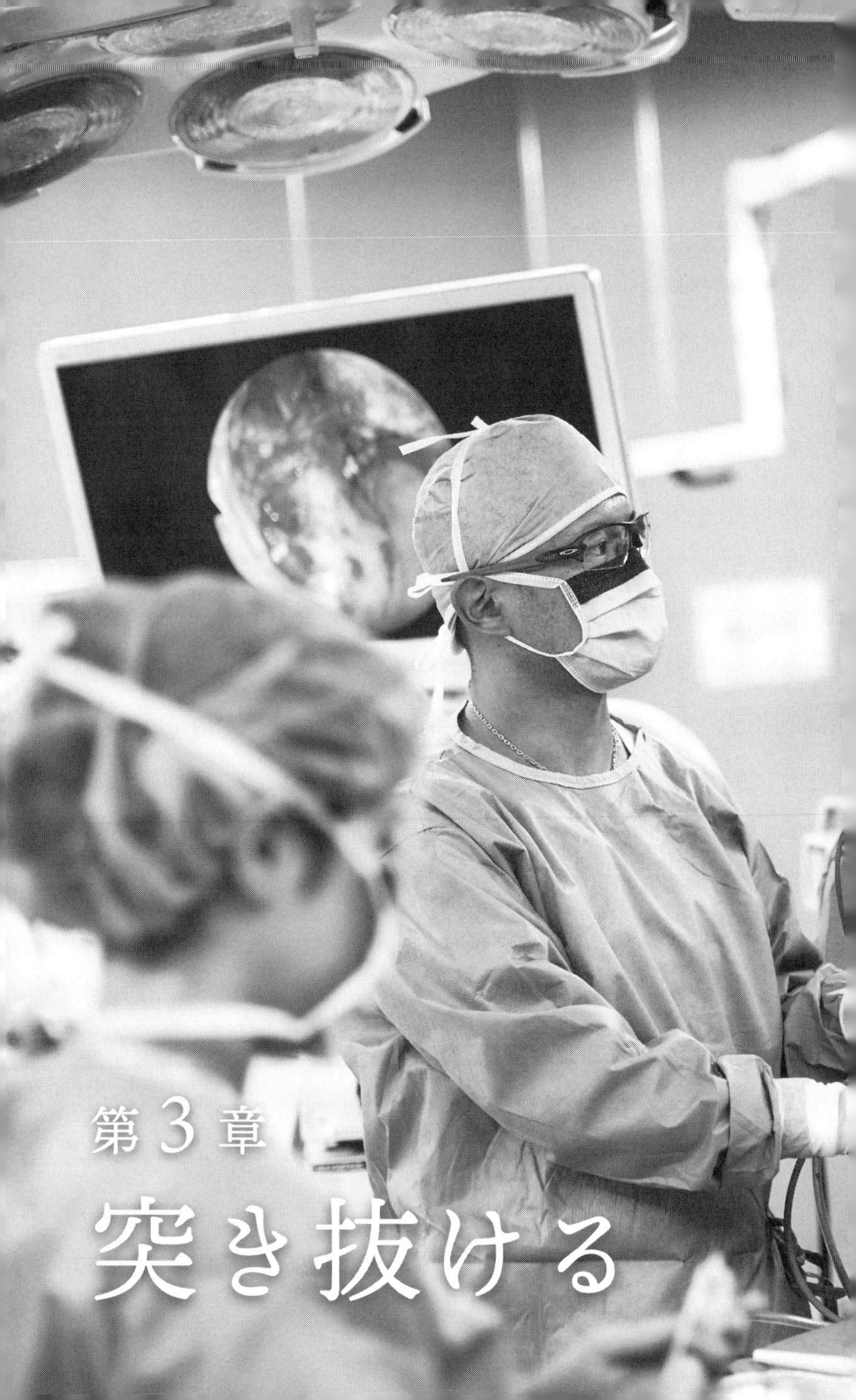

第3章
突き抜ける

21 ライバルは同期ではない

僕はアジアでの国際協力の幕を一旦閉じて、2009年4月に帰国した。自分自身の医療技術をどの国でも求められるレベルにまで高め、誰もが認めるその道のプロフェッショナルになるために。27歳で海外に飛び出した僕は、このとき29歳になっていた。戻る場所として選んだのは、大学の6年間を過ごした場所である東京慈恵会医科大学附属病院。アジアで国際協力を2年間続けている間も「うちに戻ってこい」と定期的に連絡をもらっていたのだ。

医療技術を磨く場所はこうしてすんなりと決まったものの、専門科目の選択については、じつはまだ迷いがあった。ネパールでは「耳鼻科のスペシャリストになろう」と僕の頭に降ってきたのだが、日本に帰って冷静に考えてみると「国際協力で求められるのは外科の分野だからそれは決まりとして、外科の中でも本当に耳鼻科でよいのだろうか?」と、再び悩むところがあったからだ。

そこで僕は、耳鼻科以外でも興味のあった外科分野の中で、特殊性のある泌尿器科や産婦人科などの科を見て周ることにした。僕にとっては専門科目を決めることは人生を懸けた大きな決断になる。上司になる教授のビジョンや考え方が魅力的でなければ入りたくないので、教授に面談を申し込み、「教授の考える教室の5年後、10年後のプランを聞かせてください」と質問した。

その質問に対して、ある科の教授は「何を言ってんだ。アジアでいつまでも遊んでないで早く入局しろ」と言った。さすがに僕はたまらずに「お言葉ですけど、先生は国際協力をやられたことがあるんですか？」と聞き返すと「やったことないよ」と一言。いくら僕が年下であっても、人が一生懸命やっていること、それに自分は体験もしたこともないことを〝遊び〟と言い切ってしまう人の元では働けない。

その後、耳鼻科に行き、「僕は外科医として高度な技術を身につけて、今後も国際協力をやっていきたいんです」と伝えると、主任の教授は懐が深く、「好きなことをやりなよ。アジアにも行っていいよ」と言ってくれた。また、他の耳鼻科の先輩医師たちもアジアでユニークな経験を積んできた僕を面白がってくれて、「大村、いよいよ戻ってきたか！」とかわいがってくれた。

「やっぱり耳鼻科にしよう」。僕は答え合わせを済ませたように、東京慈恵会医科大学耳鼻咽喉科教室に後期臨床研修医として入局した。日本では止まっていた時計の針が、再び進みはじめた。

この頃、僕が一番お世話になったのは大櫛哲史先生（現在、大櫛耳鼻咽喉科はな・みみサージクリニックの副院長）だ。僕が何科に入局するか迷っていたときも「慈恵医大病院の耳鼻科は世界一のレベルだ。君がやりたいことをやれる」と言ってくれた。後に大櫛先生から聞いた話では「とはいえ、大村も現場に入れば多忙すぎる毎日で国際協力のことは忘れるだろう」と思っていたそうだ。

実際にその言葉の通り、慈恵医大病院の後期臨床研修は過酷だった。だが、国際協力の火が僕の中から消えることはなかった。それは、そもそも日本に戻ってきた理由が、

「国際協力をしたいから。そのために他の医師よりも飛び抜けた医療技術という武器がほしいから」

であり、働く理由が誰よりも明確で、どんなに忙しい毎日でもそれを見失うことはなかったからだ。

多くの研修医は2年間の初期臨床研修が終わると、20代中盤〜後半で専門科目を決めて後期臨床研修に入り、そのまま医師になる。だが、周囲と同じ流れの中で、外の世界をそんなに知らない若い医師の卵が〝何となく〟で進んでいくと「自分は何のために医師になるのか？」「何のためにその専門を極めるか？」と、途中で目的を見失い、心が折れてしまうことが少なくない。

その点、僕は強烈な夢や目標からの〝逆算〟で耳鼻科に入っているため、他の研修医とはモチベーションが違うと感じていた。人よりも夢の〝火種〟をつくるのに時間はかかったけれど、そのぶん主体的に燃焼することができたわけだ。

僕の目標は「耳鼻科医になること」ではない。

誰もが認める耳鼻科医のスペシャリストとして国際協力の場で手術を行うために、短期的な目標として「(手術研修会や、手術を準備から最後まで生で見せるライブサージェリーなどで)手術を人に見せられるようになること」、または「日本中の他施設からお金を払って手術のレクチャーを受けたいと思われる医師になること」を据えた。

その先には「耳鼻科の手術を日本で最も多く実施している慈恵医大病院の中で何かしらの領域でトップになること」という長期的な目標ももっていた。

ライバルは当然、世界中の耳鼻科医全員である。耳鼻科医として働きはじめたら先輩も上司も関係なく、「僕がこの世界でトップになるんだ」という強い意志をもっていた。

目標を明確にして戦略を立てなければ途中で挫折することは少なくない。でも、目標があればそこまでの〝道〟が明確に見えてくる。そして、僕の目には目標を達成するまでの道のりがはっきりと見えていた。

22 チャンスはみんなにある。どんな人がそれをモノにするんだろう？

僕は「誰もが認める耳鼻科医のスペシャリストになり、国際協力を行う」という目標を1日も早く実現するために、毎日のように家に帰らず慈恵医大病院の医局に寝泊まりしながら働いていた。自ら勉強することに加え、先輩や上司からも教えてもらったり、緊急手術が入ったりして、時間がいくらあっても足りなかったからだ。

診察や手術、研究、論文で忙しい大櫛先生をはじめとする先輩医師に指導の時間を割いてもらうためには、その人たちの時間を〝いかに空けるか〟がポイントになる。そこで手術をするための承諾書やオペ室への連絡などの準備は全て僕がやるようにし、手術にも一緒に入ってサポートをして、終わったら後片付けまでしっかりとやった。

そうやって教えてくれる先生たちの時間を1分でも多く空けるように動き、その時間の半分でも僕の指導に使ってもらえるようにして、1つでも多くのことを教えてもらおうと必死だった。

病院の中だけではなく、外にも積極的に学びにいった。

世界で一流と呼ばれる医師のレクチャーがあれば現地に行き、記録して、家で復習をする。

アメリカの耳鼻科の医師が集まる最大の学会として知られるアメリカ耳鼻咽喉科学会は一流の耳鼻科医がレクチャーしてくれる有料のインストラクションコースがあり、当時は今のようにオンラインで見ることができないので、現地への渡航費と宿泊代も入れると月収は簡単に飛んでいってしまったが、自分の将来への投資だと考えて参加していた。

海外の学会には先輩や同期の医師など複数人で参加することもある。その際、自分の学会発表が終わったら、せっかくだからと観光に出かける医師たちもいた。僕はせっかくだから会場に残り、1つでも多くの発表を聞いて知識を得るようにしていた。

ただ、意欲はあふれ出るほどにあるものの、英語で、しかも医療専門用語も多数出てくる難しい話を耳鼻科医1年目の僕が全て理解することはできなかった。

そこでかわいがってもらっていた大櫛先生に頼み込み、同じホテルの部屋に無理やり泊まらせてもらった。学会が終わった後に不明な点を全て質問させてもらうようにするためだ。大櫛先生は1人でゆっくり泊まりたかったと思う。でも、そうでもしないといつまで経っても〝わからないものがわからないまま〟で、医師として成長できないことは明らかだった。僕は観光に行ったわけではない。

アメリカ耳鼻咽喉科学会の他にも、アメリカ鼻科学会、ISIAN、ヨーロッパ鼻科学会、ブラジル鼻科学会、日本鼻科学会、日本耳鼻咽喉科学会、日本韓国耳鼻咽喉科学会、日本台湾耳鼻咽喉科学会など、月に一度は学会で大学を不在にしていた。

そのぶん、病院にいるときは誰よりもみんながやりたがらないことはやろうと決め、病院に寝泊まりをし、夜中の緊急手術も含めてほとんどの緊急手術に入って手伝いをした。体力的に大変なことは同期に任せずに全て僕がやるようにしていた。

そうやってプライベートの時間が全くないほどに必死で勉強を続けていると、後期臨床研修が2年を終わる頃には、さまざまなことを経験でき、大抵のことはわかるようになっていた。


それからしばらくして、僕に医師としての大きなチャンスが訪れた。

慈恵医大病院の手術研修会で他の医師やスタッフなどに手術をリアルタイムで見てもらう「ライブサージェリー」というものがある。これは認められた医師しか許されない、ハードルの高い実演だ。外部の病院関係者を対象に行うものであり、下手なことは絶対にできない。

ある日、外国人向けの手術研修会の準備をしているときに教授から突然、「明日のライブサージェリーは大村やるか?」と言われたことがある。もちろん即答で「やります!」と応えた。僕が短期的な目標として掲げていた「手術を人に見せられるようになること」を実現するチャンスだ。これを掴むことにはひとまず成功した。

「チャンスの神様には前髪しかない」という言葉がある。

「チャンスが来るのは一瞬だから来たらすぐにやれ」という意味だが、この頃の僕は「すぐにやる」だけではチャンスを掴むことはできないと考えていた。トライする心構えをもつだけではなく、普段から入念に準備して〝結果〟を出さなければ「次はない」と思っていたのだ。

本番はここからだ。

ここで結果を出せずに無残な姿を見せてしまえば、同期や先輩からは「あのレベルの大村がライブサージェリーをやるからだ」と批判されることは明らかで、教授がその状況を目の当たりにすれば、次から僕に声をかけてくれることは当分なくなるだろう。絶対に失敗することはできない。

その重圧の中でも僕は、緊張感やプレッシャーに押しつぶされるほどの気持ちにはならなかった。なぜなら海外の先生による手術の説明が入ったCDを事前に購入し、必死に勉強し、一字一句その説明を覚えていたからだ。英語の文章を覚えておけば、手をその通りに動かすだけだから、なんてことはない。

そしてやってきたライブサージェリー当日。

僕は無事にやり遂げた。

それを見ていた年上のある先生から「いいよな、大村は英語ができて」と言われたことがある。

僕はその先生にCDを渡して、「僕が今回うまくできたのは英語ができるからではなく、このCDを丸暗記して準備をしていたからです」と言って、プレゼントした。

チャンスが来たらトライするだけでなく、結果まで必ず出す。そう考えて努力を続けてきた日々の積み重ねが、その後の僕のキャリアに大いに役立ったことは言うまでもない。

23 孤独な時間が自分を成長させる

慈恵医大病院に戻ってからの日々は多忙を極め、終電は当たり前。医局に泊まることもしょっちゅうだった。

そんな怒涛の日々はあっという間に過ぎていき、慈恵医大病院に入局して3年目の2011年には医局人事により、千葉県にある東京慈恵会医科大学附属柏病院（以下、柏病院）に異動を命じられた。

これが僕の人生にいくつかあるうちの1つの大きな〝転機〟になる。

柏病院では臨床力（患者を診察、治療する力）を身につけることをテーマに掲げ、朝から晩まで臨床づけになり、外来・手術・入院患者の管理などをしながらいつも患者のそばにいた。

そんな自分を見て、上司は、

「臨床ばかりではなく論文を書け」

と何度も提言してくださった。

このアドバイスは至言であり、僕はその後に医師にとって論文を書くことがどれだけ重要なものかを嫌というほどに痛感することになるのだが、それに気づくのはまだ少し先の話。

当時は「論文を書くために医師になったのではなく、臨床で患者を治すために医師になったんだ。一刻も早く臨床ができるようになって、アジアでの活動をするんだ。論文はいつでも書けるし、今の自分にとって優先順位は低い」と考えていた。とにかく臨床に集中したかった。同期や上下数年の医師と比較しても僕は圧倒的に手術に入らせてもらうようにして、臨床力がついていくことを実感できる自分にワクワクしていた時期だ。この時期にプライベートでは結婚し、子どもも生まれて、公私ともに気力が溢れ、充実していた。そんな溢れる思いから僕は、

「オリジナルの術式を自らの手でつくりたい」

と考えるようになった。

医師が当たり前に行っている全ての手術は元をたどれば世界のどこかで他の医師が考案したものだ。僕は人から言われたことだけをやるのが嫌な性分であるうえ、外科医として勝負していく、技術を磨くと決めた以上、自分でオリジナルの術式や新しい発見を世に出したいと思うようになっていた。

オリジナルの術式や新しい発見を意義あるものと証明するためには動物実験が欠かせないが、このときの僕は動物実験を一度もやったことがなかったため、先輩医師の実験に立ち会い、見学をさせてもらうことにした。動物実験は新橋にある慈恵医大の施設で行うことになり、千葉県の柏病院で勤務した後に電車で向かった。

耳が専門領域である先輩はウサギの耳の動物実験を目の前で見せてくれた。終了後に僕が「ウサギの鼻を使った実験をしたいのですが、どうしたらいいですか?」と聞くと、「鼻のことは全くわからないから頑張ってね」とにこりと笑い、そしてさらりと帰っていった。

そこからは夜中の手術室で、僕1人でウサギと対峙する時間がはじまった。

麻酔の方法は先輩の実験を一度だけではあるものの見ることができたので何となくわかるが、麻酔が効いているか、効きすぎて死んでいないかの判断は「目の色を見る」という非常に曖昧な評価法だったので、経験のない僕には判断がとても難しかった。

そのため、夜中の手術室に1人だけの状況で麻酔の調整がうまくいかなくてウサギが突然鳴き声をあげたりすると、心が折れそうになることが何度もあった。

それでも僕は諦めなかった。

柏病院で勤務を終えると終電で新橋の慈恵医大病院の手術室に行き、1人でウサギと格闘する日々がはじまった。ウサギを買う研究費の申請から、人間の鼻の解剖と照らし合わせながら明確な評価方法の確立、手術方法の考案と、暗闇の中で、たった1人で全て手探り状態。

でも不思議と「教えてくれる先輩がいてくれたら……」とは思わず、楽しかった。これが今振り返ると良いことだったのかもしれないとさえ思う。〝正解〟を最初から与えられず、試行錯誤を繰り返しながら自分の頭で考えて、調べて、少しずつできるようになっていったからこそ知識と技術が確実に積み上がっていったからだ。時間は本当に費やしたし、結局、それから論文が出るまでは6年以上かかることになるので「このままで大丈夫か」と不安に思ったこともなかったわけではない。

それでもやはり孤独な時間は自分を確実に成長させるものだと思う。

1人でやると大変なことがたくさんあるが、そのぶん集中力は高まり、没頭する。その結果、吸収するスピードは早く、知識の深度も深くなる。そこで突き進んだ結果、3年後の2014年に僕は初めてのオリジナル術式の開発に成功することになる。それについてはこの後で詳しく書きたい。

当時から10年以上が経過した現在、僕は1人でウサギの動物実験の教科書を書けると思えるほどになり、2022年にアメリカに留学した際は、ウサギの鼻副鼻腔の解剖の技術は世界の第一線でやっている研究者も驚くレベルだと言われた。たくさんの新しい発見を動物実験で証明することができた。

それもあのときの孤独な時間があったからこそ、である。

24 難しいからやらないのではなく、やれる方法を考え抜く

僕が最初に開発したオリジナルの術式「ＴＡＣＭＩ法：匠法」(transseptal access with crossing multiple incisions) は、内視鏡を使った鼻腔腫瘍に関する手術の方法だった。その誕生の背景には、従来行われていた手術に対する疑問があった。

腫瘍の手術は大きく分けて2つの方法がある。

腫瘍全体を一塊で摘出する〝一塊切除〟と、腫瘍をいくつかに分割して切除する〝分割切除〟だ。ただ、医療の世界の原則は、悪性腫瘍を手術する場合は「腫瘍は触るな（切るな）」であり、原則として一塊切除の方法を行う。

たとえば胃ガンや胃の中にできている腫瘍は触らずに胃を全部摘出するなどの方法を取る。ただし、脳や脊髄などの神経の部分にできた腫瘍は、一塊で摘出してしまうほうが周囲の正常な組織に負担がかかり、後遺症が出ることがあるため、やむなく分割切除を選択する。

鼻の内視鏡手術の場合は、鼻の奥には脳や目の神経が通っているため術後の後遺症のリスクが高く、また、一塊で切除するのは場所が狭くて高い技術がいるなどの理由で分割切除を選ぶことが一般的だった。これは日本に限った話ではなく、世界を見渡しても鼻腔腫瘍の内視鏡手術の場合は分割切除がスタンダードであり、日本の学会でも当然のように分割切除に

よる手術結果の報告が多かった。

さらに細かい話をすると、腫瘍には3種類ある。良性腫瘍、悪性腫瘍、そして境界悪性腫瘍（一見すると良性腫瘍に見えて悪性腫瘍が混じっている可能性のある腫瘍）だ。鼻の内視鏡手術の場合は悪性腫瘍ですら分割切除をしているケースがあり、他の領域の外科や、同じ鼻科でも外切開（内視鏡を使わずに外側から切り開く方法）で一塊切除を当たり前にしている医師からは受け入れ難い方法である。

その他にも、分割切除で摘出した際と一塊切除で摘出した際の違いはあるものの、ここでは詳細は割愛する。

個人的な感覚として、僕にはどうしても分割切除という方法が〝美しい〟と思えなかった。分割で腫瘍切除する際には腫瘍から出血してしまい、内視鏡画面が血だらけで手術がしづらい。そして何よりも、「鼻の中が狭くて難しいから」という理由だけで、本来なら一塊切除したほうが良いと思われている腫瘍を分割切除してしまって良いのか？という疑問はいまだに残っている。

本来であれば、「難しいからやらない」ではなく、「どうしたらその狭い領域を広げられるか、狭い領域で内視鏡を使えるかを考えるべきなのではないか？」、そんな思いがずっと頭に残っていた。

僕は患者のために、極力、一塊で取れるものは取ってあげたい。難しいにせよ、一塊で摘出できた恩恵を受けてほしいと思っている。

新しい術式を思いつくときは、いつも難しい症例の患者さんがいるときだ。難しい症例の患者さんに出会うと、それ以降、無意識なのだが常にその人のことが頭に浮かび、どうやって手術をすれば良いのかを気がついたら考えている。歩いているときも気がつくと頭の中に画像が浮かんできて、いつの間にか術式のことを考えている瞬間がある。

その無意識に今まで何回も助けられている。あるとき、突然閃くことが本当にあるのだ。

2014年に「TACMI法」というオリジナルの術式を開発することに成功したときもそうで（論文にしたのは2017年）、僕は常に考え続けていた。その発想の詳細は次の項で書く。

25 アイデアの発想法。オリジナル術式のつくり方

僕が初めて開発したオリジナルの術式「TACMI法」が生まれるまでは紆余曲折があった。TACMI法は簡単に言えば、鼻の孔を左右に隔てる壁である鼻中隔粘膜に切り込みを入れて、一時的に折りたたむことで鼻を1つの空洞にして腫瘍を一塊で取る、という方法だ。腫瘍を取り除いた後は鼻中隔粘膜を元通りに縫合する。

以前は、一般的に鼻腔腫瘍の患者の場合は、腫瘍を取るために鼻中隔は切除されてしまい、元には戻さないことが〝通常〟だった。そのため、TACMI法を思いついたときは、通常であればなくなってしまうはずの鼻中隔を残すことができる術式をつくるということに非常に興奮した。

ただ一方で〝鼻中隔粘膜に切り込みを入れる〟ことは、従来の鼻科の世界では「鼻中隔穿孔（鼻中隔に孔が開く）が起こる」と言われ、多くの耳鼻科医が抵抗を感じることであり、僕も同様に抵抗があり、不安があった。

それでもチャレンジしようと思ったのは、腫瘍の手術で切除しなくて良いものはなんとか

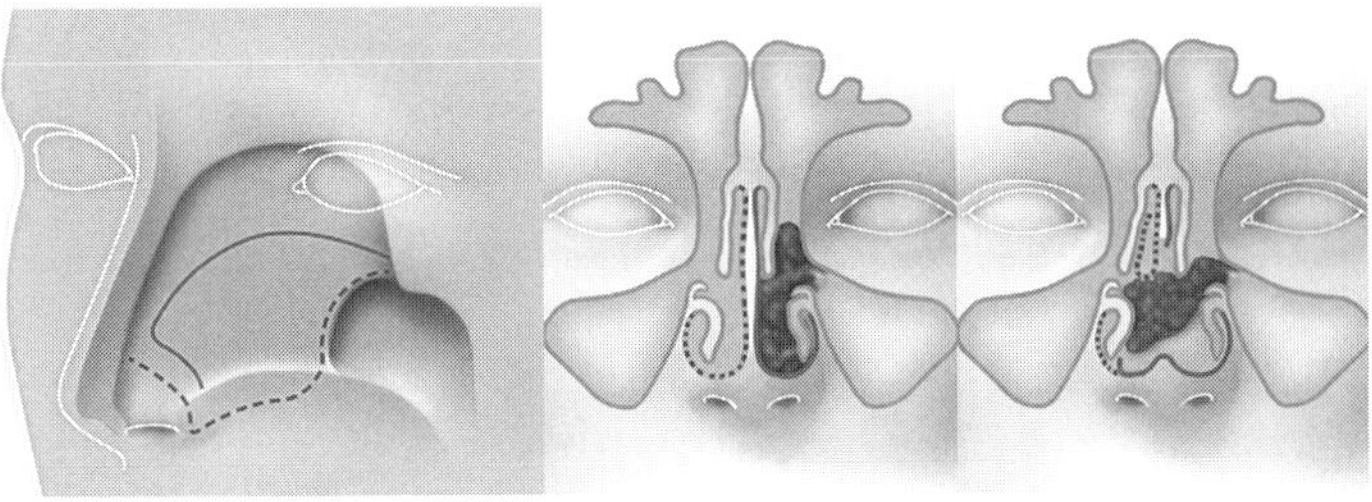

出典：Kazuhiro Omura, Satoshi Aoki, Yu Hosokawa, Yasuhiro Tanaka, Nobuyoshi Otori, Hiromi Kojima, Resection of inverted papilloma in nasal cavity with transseptal access and crossing multiple incisions minimizes bleeding and reveals the tumor pedicle,Auris Nasus Larynx, 2020 Jun.

残したかったからだ。腫瘍を取るために鼻中隔も取る手術ではなく、腫瘍は取り、鼻中隔は残すことができる手術にしたかった。

この壁を乗り越え、新たな術式の開発へと繋げることができた背景には〝あるアイデア発想の本〟の存在があった。

当初、僕は鼻中隔を残したいという思いはあったものの、実際にどうしたら残すことができるかはわからなかった。どうしても新しい術式が思い浮かばずに苦しんでいた頃、もっと新しいアイデアをもたらす方法がないかと思って、Ｇｏｏｇｌｅで「アイデアパーソン」とワードを入れて検索してみた。そこでヒットしたのは『アイデアパーソン入門』（加藤昌治著、講談社、２００９年）という本だった。

この本ではブレーンストーミングの考案者と言われ

アレックス・F・オズボーンの発想法

「**転用**」他に使い道はないか？（Put to other uses）
「**応用**」他からアイデアを借りられないか？（Adapt）
「**変更**」変えてみたらどうか？（Modify）
「**拡大**」大きくしたらどうか？（Magnify）
「**縮小**」小さくしたらどうか？（Minify）
「**代用**」他のもので代用できないか？（Substitute）
「**置換**」入れ替えてみたらどうか？（Rearrange）
「**逆転**」逆にしてみたらどうか？（Reverse）
「**結合**」組み合わせてみたらどうか？（Combine）

るアレックス・F・オズボーンの「9つの発想法」というものが説明されていた。

そこで僕はこの9つの発想を当時の患者さんの症例に1つずつ当てはめていくことにした。

すると、8番目の「逆転（Reverse）：逆にしてみたらどうか？」で引っかかるものがあった。

――そうか、なんとか切らずに残そうと思っていた両側の鼻中隔粘膜を、触らずに残すのではなく、思い切って、切って折りたたんでみればできるのではないか？

従来と同じことをしていたら新しい術式など生まれるはずがない。その切り方を工夫することが新たな希望の光となるのではないか……。たとえば段違いに切ってみたらどうだろうか……。これはもしかしたら……。

そんな風にして、逆転の発想を起点にして考えていった結果、ＴＡＣＭＩ法は生まれた。

その後も、本来ならなくなってしまうはずのものを温存できるオリジナル術式が他にもたくさん生まれた。この本と出会わず、それまでの〝常識〟と呼ばれているものに縛られていたら、僕は絶対にオリジナルの術式を生みだすことはできなかっただろう。

26 ピンチはチャンスに変えるためにある

耳鼻科医のスペシャリストを目指して慈恵医大病院で働きはじめてから7年が経過した2016年4月。

僕は突然、獨協医科大学埼玉医療センター（以下、獨協医大）に異動を命じられた。

理由は「獨協医大で勤めていた鼻の専門の先生が開業されるから」ということだった。医局というのはたくさんの病院に人材を派遣しているので、勤務先が急に変わることなどよくあることで、そこに自分の希望が通ることは当時はほとんどなかった。

自分としても言われたことを「はい、わかりました」と二つ返事で飲み込んで、その場所で頑張るというのが性に合っている。鼻の専門の先生がいなくなるからその代わりに行くということは、獨協医大で僕が鼻のトップになるということだ。勤務地は変わるにせよ、自分に任せられる責任はより大きくなるし、栄転だ。

ただ1つだけ、その当時気にかかっていたことがあった。〝論文〟である。

今でこそよくわかるが、大学病院に勤務するということは、臨床はもちろん、教育と研究の3本柱を全て充実させなければならず、その3つの軸で医師は評価されることが一般的だ。

その中で、僕は前述の通り、研究（論文化）が圧倒的に弱かった。2014年にオリジナル術式であるＴＡＣＭＩ法を開発していたが、まだ論文も書いておらず、学会で発表もしていなかったため、世の中では認められていなかった。

さらに言えば、僕はそのときまで論文を１本たりとも書いたことがなかった。とにかく臨床を極めようとがむしゃらに突っ走っていたことが、病院内での評価を考えれば完全に裏目に出てしまった形だ。そのような状況の中で所属病院が変更になると環境が変わることもあり、論文化がより遅れてしまうのではないかと心配になっていた。

論文を書かなくては……、書けるようにならなくては……。焦りだけが僕の中に増大していった。

しかし「ピンチはチャンス」とはよく言ったもので、異動先の獨協医大で僕は１人の恩師に導かれるように再会する。

僕が慈恵医大病院に入局した際の医局長であり、耳が専門領域の田中康広教授だ。

この再会は、僕の人生にとって間違いなく大きな〝転機〟であり〝チャンス〟だった。

田中先生は研究者としての実績は言うまでもなく、研究者の研究計画書を評価する立場としても全国で名の通った先生である。全国の医師を対象にした科研費による研究計画の評価において田中先生は〝適切な評価をする医師〟として表彰された耳鼻科医２人のうちの１人になられたほどだ。

当時、田中先生は「大学病院の医師は臨床だけではなく、研究、論文を書くことも大切」というお考えのもと、先生が率いる耳鼻咽喉科は臨床・研究・教育の3本柱を同レベルで行うことができるチームにする方針を立てられていた。

そこに僕が「論文を書きたいけど書けない。書けるようになりたい」と強い意思をもってやってきたのだから、田中先生と僕の歯車がガチッとかみ合ったことは言うまでもない。

文章力が皆無であり、論文をそれまでに1本も書いたことがない僕に対して、田中先生はゼロから論文の指導をしてくださった。

当時の獨協医大の耳鼻咽喉科チームは大半の医師が僕よりも年下で、年上の僕が毎日必死で論文に取り組んでいる姿を見て触発されたのか、気づけばまわりもつられるようにして研究・論文に没頭するようになっていった。

ここから獨協医大の耳鼻咽喉科チームの〝快進撃〟がはじまった。

獨協医大の医局で夕食
この後にまた論文、研究に打ち込む

27 課題を明確にして突き抜ける

獨協医大では日中の医療業務が終わった後は、医局で後輩たちと夕飯を食べて、「よし、研究をやるぞ！」と僕が発破をかけ、毎日終電の23時20分まではパソコンや実験に向かう日々を過ごした。

ときには土日もそのような状況になることがあり、「今日で僕は大村先生と7日連続で夕飯ですよ」、後輩医師からそんなことを笑顔で言われるほどに、お互いに切磋琢磨しながら自走する熱いチームになっていた。

獨協医大は僕が異動してから徐々に実験系の施設が整えられ、多くの施設ではできなかったハイスピードカメラを使ったウサギの鼻粘膜の繊毛運動の研究など、高度な実験までできるようになった。さらに、動物実験に興味をもつ後輩医師が現れ、それまでは1人でやっていた実験を数人で取り組むことになるなどの変化も生まれた。

僕自身はかつて動物実験のことが何もわからない状態から1人でスタートして試行錯誤を繰り返してきたが、そこで蓄積した知識や技術は後輩に最初から全て伝えるようにした。そうやって、日々、みんなで研究や論文に没頭していると、やはり努力は自然と実ってくるから、人生は面白い。

僕が獨協医大で共に学び、指導した後輩医師は、半年に一度開かれる埼玉地方部会（埼玉県にある病院の耳鼻科医が症例や研究成果をもちよって発表をする学会）で発表が評価され、3回連続で地方部会の学会賞を受賞した。僕が獨協医大に在籍したのは2年間だったので、在籍中の学会賞を全て受賞したことになる。

僕は研究の発表内容だけでなく、発表の仕方にもとてもこだわりをもって指導していた。そのため、学会がはじまる2時間以上前に会場に入り、現地の会場で本番と同じ形式で発表練習をし、細かく指導していた。

それまではその部会で本番前にそんな指導をする人間はいなかったらしく、「熱い指導をしている医師がいる。あれは誰だ？」と噂になっていたそうだ。そして、僕が指導した後輩医師が学会賞を受賞すると、自然と獨協医大や指導している僕のことを覚えてくれる人が増えていき、埼玉のガン患者を多く引き受けている埼玉県立がんセンターの部長が「君は大村くんというのか。何時間も前に発表の指導をしていてなかなか面白い奴だな」と、興味をもってくれるようになった。

埼玉県立がんセンターは、主に〝外切開〟（顔や首の一部を切ってそこから腫瘍を取り除く）と呼ばれる方法による鼻腔腫瘍の一塊切除を行っている病院であり、学会で僕たちが発表した〝内視鏡〟による一塊切除の方法を見て、「いよいよ鼻の分野で内視鏡を使って腫瘍を切除する時代になったか」と驚かれ、そのような患者さんがいたら僕宛に紹介をしてくださるようになった。

外切開では切除するのが難しい鼻の奥のところを、僕は内視鏡を使って顔を傷つけることなく切除できるため、患者にも医師たちにもＷｉｎ－Ｗｉｎの関係を築くことができるようになったのだ。

気づけば獨協に来てから難度の高い手術実績が大幅に増えていた。

鼻の腫瘍の手術は大掛かりな手術である。慈恵医大病院は多数の医師がおり、その中で当時の僕は最年少だったため、腫瘍の手術が回ってくることはほとんどなかった。一方で獨協医大では田中教授は耳の専門家で、鼻の領域は僕がトップだったため、鼻の手術はほぼ僕が担当することができた。

仮にあのまま慈恵医大病院に在籍していたら、層の厚い上司の中で、症例数を伸ばすことができず、キャリアを築くことができなかった可能性は十分にある。

ただ、ここで「異動して症例数が増えたのは運が良かっただけではない」ことはしっかり伝えたい。というのも、僕が異動になったのは「大村の症例数を増やすため」ではなかったし、そもそも以前の獨協医大は難度の高い鼻の手術の症例数自体がほぼない病院だったため、僕が異動後に何にも挑戦せずに過ごしていたら、ここでのキャリアを築くことはできなかったに違いないからだ。

新天地で課題を明確にして、必死でもがきながら論文を書き、学会で名を売り、埼玉県全体からの手術依頼が入ったことで、難度の高い鼻の手術の症例数が増えるという結果を引き寄せたのだ。

そのためあるとき、日本全体の鼻腔悪性腫瘍のデータ管理および臨床研究を実施している研究者から連絡があり、「獨協医大埼玉医療センターの手術数が急に増えて驚いた。ぜひ研究に加わってほしい」と言われたほどだ。

この時期について今改めて振り返ってみると、僕は慈恵医大病院でトップを目指すという目標をもっていたため、獨協医大への異動は青天の霹靂だったが、僕にとっては間違いなく人生の転機になった素晴らしい出来事だったと言える。

改めて、恩師である田中教授には感謝の念が尽きない。僕に対していつも「大村、大丈夫だよ。心配するな、俺に任せておけ」と言ってくださり、全てを託してくれた。

そのおかげで僕は、一若手医師という立場で縮こまっていた羽を誰に気にすることなく思い切り広げることができて、全力で羽ばたいて大空を飛び回れるようになったのだ。

28 小さな勇気で生まれる大きな差

僕はオリジナルの術式「TACMI法」を2014年に開発したが、当時は論文の重要性をそこまで理解していなかったことに加えて、いろいろな事情を言い訳にして論文を発表できずにいた。

この行為はオリジナル術式を開発した外科医にとっては非常に危険なことである。誰かが先に「自分がTACMI法を開発した」と論文発表をして、それが学会で認められてしまえば、その人のオリジナル術式になってしまうのだ。実際に僕はそれに近いことが起こりそうになったこともある。

だから当事者として言いたいのだが、これを読んだ若手医師はオリジナル術式を開発したら、すぐに論文を書いて発表するようにしてもらいたい。

僕がTACMI法の論文を発表したのは、開発から3年が経った2017年のことだった。しかも、その場所は日本ではなく海外の学会であり、このときも論文を書こうと思って動いたわけではなく、じつは〝副次的な産物〟だった。

当時、僕は慈恵医大病院で難度が非常に高い手術である頭蓋底手術を担当するメンバーの

1人だった。脳神経や眼球などの重要な組織が密集する場所である頭蓋底（頭蓋骨の底）にできた腫瘍を、脳外科チームと連携しながら鼻からの内視鏡を使って取り除く手術である。難度が高く、高度な技術が要求される領域であり、「頭蓋底外科医」という名の響きは世界中の医師に魅力的に響く。

僕は頭蓋底外科医の駆け出しとして脳外科の先生たちと研鑽を積んでいた最中、ある少年患者についてパートナーの脳神経外科医から相談をされていた。詳細は述べないが、子どもの頃から再発を繰り返していて、日本中の脳外科医が匙を投げるような症例だった。手術はそれまでに類を見ないレベルの難しさだということは想像できたが、その当時の僕は耳鼻科と脳外科が力を合わせて手術をすることで十分に切除できると考えていた。だから自信をもって「この症例は、耳鼻科と脳外科が力を合わせれば手術は可能です」と手を挙げた。

ただ、大きな問題があった。

それは日本国内にこの症例のアプローチ方法を相談できる人がいなかったことだ。前述したように日本有数の有名な脳外科医たちが次々と匙を投げた症例である。

そこで僕は海外の医師に相談することにした。その当時、何度か交流があったスタンフォード大学の教授にお願いをして、医局会の集まりへ行き、アドバイスをもらうことにしたのだ。

スタンフォードへ行くと、手術方法のアドバイス以外にも、予想外の〝大きな収穫〟を得ることができた。手術に関するディスカッションが終了後、僕は当初予定になかったTACMI法のプレゼンを海外の医師相手にしてみようかと思いついた。

じつは日本ではTACMI法は、一部の人たちからは「こんな奇抜な方法はありえない」と酷評されていた。もしかしたらここでも同じことが起こるかもしれないと不安になったが、せっかくのチャンスだと考え、勇気を出して「もう5分だけ時間をください」と切り出した。


僕はTACMI法の手術の映像を交えながら説明をしていった。プレゼンをしている間、聞いている医師たちの表情は真剣そのものだった。

5分後、プレゼンが終了した。

すると――、

「素晴らしい！　こんな方法は見たことがない」

絶賛、そして大きな拍手が巻き起こった。

日本と海外でこんなにも評価が違うものかと唖然とした。そのあまりの大きな違いに僕自身が誰よりも驚いていた。

「これ、論文になりますかね？」

と聞くと、「術式を紹介するカテゴリーなら論文に十分なると思うよ」と詳細にアドバイスをくれた。

それを聞いた僕は頑張って論文化したいと夢を膨らませた……のだが、落ち着いて考えてみると、僕はこのときに英語で論文を書いたことが一度もなかった。でも、このチャンスを逃したら、TACMI法はきっと世に出ることはなく埋もれていくだろう。生みの親としてそれだけは避けたかった。

そこで僕は、その場にいた一番優しそうなNAYAK先生という医師に声をかけた。

「英語の論文を手伝ってもらえませんか？」

NAYAK先生は突然の依頼に驚いていたが、すぐに快諾してくれた。それから僕は何度もアメリカに渡り、先生のところに行って指導をしてもらい、レコーダーで会話を録音して日本に戻って聞き直しては修正を繰り返した。学会会場でも肩を並べて机に座り、細かく修正してもらうなど、NAYAK先生の献身的な指導のおかげで僕の初めての英語の論文はできあがっていった。

2017年3月。僕はついにTACMI法の論文を海外の学会で初めて世に出すことができた。これにより僕が生み出したオリジナルの術式であると、世界から正式に認められたのだ。

あのとき、勇気をもってスタンフォードの先生たちの前でＴＡＣＭＩ法を発表しなければ、ＮＡＹＡＫ先生に手伝ってほしいと声をかけなければ、どうなっていただろうかと今でも考えることがある。きっと全く違う未来になっていただろう。

それまでも僕自身が数々経験してきたことだが、小さな勇気で大きな差が生まれると僕は確信している。だから、躊躇しそうになったときも小さな勇気を出して行動するようにしている。

右が NAYAK 先生。スタンフォード大学にて

29 自分を最後まで信じてあげられるのは誰なんだろう？

僕が開発した、鼻腔腫瘍を一塊で切除するオリジナル術式「ＴＡＣＭＩ法」は、スタンフォード大学では絶賛されたが、国内ではむしろ逆だった。

２０１４年にＴＡＣＭＩ法を開発して以来、僕は一塊で腫瘍を切除することを基本にしていたが、慈恵医大病院でのスタンダードは変わらずに分割切除だった。

最終的に同じ病院内で医師によって「一塊切除か、分割切除か」と手術アプローチが分かれている状況は好ましいものではないという上部の判断から、どちらかに統一するという事態にまで発展した。

早速、大学内の鼻班の中で緊急ミーティングが開かれた。

主任教授は公平な立場に立ち、僕が一塊切除を、他の医師が分割切除のプレゼンを行い、その後にディスカッションが行われた。医療はサイエンスに基づくアートだと僕は信じているため、「伝統を軽んじている」という感情論ではなく、双方のメリットとデメリットを挙げ、なぜ患者にとって一塊切除がベストなのかを、丁寧に説明をした。

その結果は、鼻副鼻腔腫瘍の切除に関して、極力〝一塊切除〟を目指すが、〝分割切除〟

も許容するというものだった。僕からすれば当然の結果だった。一塊切除は腫瘍手術における原則とはいえ、僕らは〝病気〟だけを診ているわけではなく、〝病人〟を診ている。優先されるのは患者の総合的な安全であり、患者の状況によって優先度は変わるものだ。

たとえば、高齢者や、全身麻酔のリスクが高い患者の手術の際に、優先されるのはより短時間で早期に退院できることとである。「一塊切除が患者にとって最適である」という確固たる信念があるにせよ、分割切除を用いて短時間に腫瘍摘出を行うことも必要になる。患者の安全は何よりも勝るものだ。

その後はこの一件のおかげもあり、慈恵医大病院の立場で行っている鼻副鼻腔腫瘍切除は一塊切除がスタンダードとして行われるようになっており、多くの医師たちがＴＡＣＭＩ法をはじめとする僕が開発した手術手技を学び、手術をしてくれるようになった。

この議論から数年が経過した現在、慈恵医大病院の鼻腔腫瘍手術は僕がほぼ担当するようになっている。

現時点（２０２３年６月）で一塊切除により合併症を引き起こした例はなく、幸いなことに３年間で手術した境界悪性腫瘍の内反性乳頭腫90人のうち悪性だった患者３名を除く87人が誰一人として再発をしていない。

さらにこの悪性だった3人に関しても、一塊切除でしっかりとガンという診断がついた。仮にこの方たちを分割手術で行っていた場合、一部分の切り取りの検査のみで良性と判断され、悪性を見過ごされれば再発をしていたかもしれない。また、分割切除の末の診断で悪性が出た場合は、一塊切除ができていれば使う必要のない、人生に一度しか使うことのできない放射線治療を使うことになっていただろう。

僕は心から一塊切除をできるようにしてよかったと思っている。

現在は、他の病院からも、分割切除を行ったところ悪性だったと診断された患者の追加切除のための手術や、分割切除の後に再発してしまった患者などの外科治療を依頼されることがある。僕はそのたびに、

「自分が正しいと思うことを、批判されてもやり続けてよかった」

と思う。それが今の率直な心境だ。

30 突き抜けるときに批判は付き物

僕はこれまでに15種のオリジナル術式を発表してきた（そのうちの1種は大櫛先生が発案したものを論文化したものだが、14種は完全に僕のオリジナル）。全ての術式に共通するコンセプトは「低侵襲だが十分な切除をする」（Minimally Invasive BUT Sufficient Resection）というものだ。

この低侵襲というのは、顔を傷つけない、または傷つけたとしてもその傷を極力小さくするということ。さらには、温存できるもの――海外ではかなりの確率で切除されてしまう甲介（下・中・上鼻甲介）や鼻中隔など――はなるべく温存する。

温存することで、術後に嗅覚を温存できる可能性がグッと上がる。鼻の気流を術後でもつくることができるため、鼻での呼吸が安定し、身体と精神への負担が少なくなる。さらに腫瘍制御の効果も十分にある。そういう術式を考えてきた自負がある。

でも、これまでを振り返ってみると、どのオリジナル術式を思いついたときにも周囲に相談をすると、

「そんなのは意味がない」

「それは伝統的に許されない」

「過去に自分もやったことがあるけれど上手くいかなかった」

「どこかの手術が上手い人がやっていたけれどうまくいかなかった」

と、必ず否定、批判をされてきた。

この話を友人知人にすると、たくさんの人たちが僕と同じように否定される経験をしていたことに驚いた。

友人知人と話していてわかったことがある。批判をする人たちの中にも「自分が何かに挑戦しようとしたときに批判をされた経験をもっている人があまりにも多い」ということだ。

自分が批判をされてうれしくなかったことは人にはやらずに、どんどん応援してほしいなと僕は思う。批判する前に、チャレンジをすることに対する応援や敬意を伝えてあげられるような人間になってほしいなと思うのだ。

まぁ、批判をする人たちの中には本心から「意味がない」「うまくいかない」と思っている人もいるだろうし、悪意があって失敗を望んでいるような人たちもいるかもしれない。

そんなことを考えだしたらきりがないが、ここで僕が1つだけ言えることは、そんな言葉と向き合う暇があるなら、自分がそれを達成したときの患者が喜ぶ姿や世界と向き合うことが重要だ、ということ。

今になってはこう思えるのだが、否定的な言葉はエネルギーがあるから、当時の僕は言い返すことなどできなかった。むしろ足を引っ張られてしまっていた。だからこそ現在、同じような境遇にいる人たちには「自分のアイデアは自分が最後まで信じることが大切だ」と伝えている。

発明王のエジソンは「実験に失敗はない。うまくいかない理由がわかったのだ」という趣旨の言葉を残している。まさに意味のないことなどないのだ。

僕は「意味がない」という意見を散々言われてきたが、僕が考案した術式の大半は〝従来は切除されていた部分を温存する可能性を残す術式〟であり、そのことにより術後の嗅覚や鼻の感染の割合が減る、食事が早く取れるなど、患者が受ける恩恵はたくさんある。

これは個人的な見解ではなく、世界の学会で誰もが認めることである。

しかし、術式の他にも、手術時間、出血量、麻酔方法など手術の侵襲度（患者への負担）に関係する項目はあり、術式としての侵襲度は低いが手術時間は長いなど、どれかを優先すると別の側面が疎かになることは多々ある。総合的に何が一番患者に意味があるのかは見方によってさまざまとも言える。

少し説明が複雑になってしまったが、ここで僕が何を言いたいのかと言えば、誰が見ても正しいというものは少ないからこそ、「突き抜けるときに批判は付き物」であり、「自分が感じた違和感を解決することのメリットを最後まで信じることができるのは自分だけである」ということだ。

31 伝統は革新の連続

僕はオリジナル術式の開発以外にも、数々の新しいことにチャレンジして、鼻科の世界に新たな風を吹き込み続けてきた。

誤解をしないでほしいのは、僕は理由もなくただ単に〝変える〟ことが好きなわけではない。患者や医師のより良い未来のために変化するということに努力をいとわないだけだ。

僕のWEBサイトには僕が鼻の手術の世界で挑戦してきたことをまとめているので、詳細はそちらをご覧いただきたい。普段の日常にある風景に少し疑問を感じて、それを変えているにすぎないことがわかっていただけると思うし、僕はそういうことの積み重ねが大切なんだと思っている。

このような革新を起こすときに必ずついてくるのが、不協和や対立、理解を得られないことだ。僕自身が当時はあまり周囲に説明をしようとしていなかったこともあり自分勝手に動いているように見られたのか、「大村は勝手なことをするから目を離すな」とお触れを出されたことまである。

手術の型などは「大村流をつくろうとして後輩に押し付けているのではないか」とまで言われた。確かに教育のことに関しては〝大村流〟というものはつくろうとしていた。だって、それは〝型〟だからだ。
実際、自分が責任をもって患者の手術を担当しているときに、僕の指導のもと後輩に手術を任せることがあるが、そのときは僕の型以外の方法では絶対にやらせない。その型をまずはしっかりと理論まで勉強することが僕の患者の手術を任せる最低ラインである。
僕が担当医ではない患者の手術を他の医師が大村流でやろうがやるまいが、それに関しては何も口を出さない。でも僕の患者には大村流で治療をしている。それを僕は〝責任〟だと思っている。

そんな風に仕事に取り組んでいる僕は〝伝統〟という言葉をこれまでに周囲から何度言われたかわからない。新しいことをやろうとするたびに「伝統を軽んじている」「伝統を壊すつもりか」と言われ続けてきた。

でも、伝統とは〝何も変えないこと〟ではないはずだ。

これまでに医学の世界に名を残した医師たちも、オリジナルの術式を開発して多くの患者を救った医師たちも、まわりと同じことをやり続けたわけではなく、自分のアイデンティティを創りだすために、従来の大切なところは残しながらも、それまでとは違うことにトライしてきたはずだ。

だからこそ医学は進歩し、新たな術式や発見が生まれ、以前よりも多くの人を救うことができるようになっているのは間違いないだろう。


今になって思うのは、僕に限らず30代は向かい風が強い時期なのだと思う。

一通りの仕事ができるようになり、自分なりの色やアイデンティティを出そうと試行錯誤を繰り返してオリジナルの型をつくっていこうとすると上の世代と確執が生じることもある。〝伝統〟や〝常識〟、〝従来の方法〟が最善で正しいと信じている上の世代は、〝革新的なこと〟は論外となってしまいがちだ。もしそこで上の世代が下の世代に対して聞く耳をもつことができないと、確執となり、下の世代は「妨害されている」「嫌がらせをされている」と感じてしまう。どこの世界でも似たようなことは起こっているのだ。

だから、僕は30代の後輩医師に伝えている。

「今は辛いことが多いかもしれない。僕もそうだった。でも、そこで力をつけて40代に入ると楽しくなるし、また違ったステージに進めるよ」と。

実際に僕は30代の頃の逆風の中で立ち続けるために、さまざまな行動を起こし、結果を出し続けてきたからこそ、逆風が時には追い風になり認められるようになった。結局は、本当に辛かった逆風は、結果的に僕を大きく育ててくれた。

人からとやかく言われても、自分の可能性を最後まで信じることができるのは自分しかいない。

「伝統は革新の連続である」

この言葉を胸に、僕はこれからも逆風や批判を恐れず、患者にとって良いと思う革新にはとことん向き合っていきたい。

32 後輩から気づきをもらう

前の項で「40代になったらまわりから何かを言われることが少なくなった」というようなことを書いた。それは「まわりからの刺激による成長がなくなった」という意味では全くないので補足しておきたい。

確かに上司から何かを言われることは非常に少なくなった。では、以前は上司から受けていた〝刺激〟を今はどこから受けているかというと、後輩たちから受けている。月並みな言い方ではあるが、教育をしていると後輩に教わるのである。

特に自分が予想する反応と違う反応をする後輩にはいろいろと気づきをもらう。

先日もフィリピンに手術指導をしに行ったときに、後輩医師に鼻内を縫合する技術を教えていた。わかりやすい説明をしていたつもりだったが、何度説明してもピンと来てなさそうだ。何度も見せていると、自分が言葉で説明できていなかったところに引っかかっていたようだった。そういった後輩の〝わからない〟に向き合っていると、自分が気づいていなかった部分に気づかせてもらうことがある。

自分が考えている技術のコツを後輩に伝えて、その結果、その後輩が目を輝かせながら仕事に向き合う1つのモチベーションになっているのであれば、教育者として、これ以上の喜びはないし、とても幸せなことである。

彼らを見ていて思うのは、良い教育者とは、本人がその技術を習得するまでにかかった時間よりも短時間で技術を習得させてあげられる者であり、その技術を手に入れたことによるメリットを伝えてあげられる人だと思う。

後輩とのふれあいは仕事面に限ったことではない。

僕は30代の医師たちに指導することが多く、彼らは結婚や出産など初めてのライフイベントに直面することが多い。そのため、手術技術以外でも、奥さんと喧嘩したときにどうやって仲直りするか、手紙の書き方なども、僕は一緒に考えて、教えている。

ちなみに奥さんの機嫌を取る鉄板として美味しいコーヒーの淹れ方のレクチャーをするのは僕の定番である（笑）。

第4章

挑戦を続ける

33 パートナー選びは時間をかけて慎重に行う

僕は日本で耳鼻科医のスペシャリストになるべく寝食を忘れて研鑽を積みながら、それと同時進行で「国際協力　第2幕」も進めていた。

僕の国際協力のステージは「第1幕（2007〜2009年）」と「第2幕（2010年〜現在）」に分けることができる。第1幕はこれまでに書いた通り、27歳のときに後期臨床研修医を中断してミャンマーからスタートして、2年後にネパールで「耳鼻科医の道を極めよう」と決めて、帰国するまでを指す。

第2幕は29歳になった僕が慈恵医大病院で耳鼻科医として働きながら、それでも国際協力を続けようと、毎年1週間の夏休みに1人でアジア各国を飛び回り、各地でカウンターパートを見つけ、現在に繋がる〝自分なりの国際協力の形〟を模索しながら実現してきた活動になる。

ここからは第2幕の話をしたい。

カンボジアの屋台で腹ごしらえ

僕が新たな幕開けの最初に選んだ国はカンボジアだった。

僕にとって国際協力の原点であり、第二の故郷であるミャンマーも考えたが、当時のミャンマーは情勢が再び不安定になっていたことに加え、カンボジアではかつてのポルポト政権下で強制収容所にされた場所をそのまま資料館にした「トゥールスレン虐殺博物館」を見学することはアジアで活動していくうえで意義のあることと考え、カンボジアを選択した。

2010年頃のカンボジアは、鼻の病気を患う患者がたくさんいた。

だが、圧倒的に耳鼻科医が足りていなかった。その理由はポルポト政権により医師をはじめとする知識人・文化人が虐殺されたからだ。1975年から79年にかけて473名いた医師はわずか43名に減少し、耳鼻科医は1人もいなくなったと言われている。

カンボジアで現在も働いている高齢の耳鼻科医は言う。

「1971年から耳鼻科の勉強をはじめたが4年後のポルポト政権支配下で断念せざるをえなかった。教授はそのときに殺された。先進国はいろいろな教育を受けられて幸せだ」(映画「Dr.Bala」より)

この言葉が、その現実を如実に表している。

僕が役に立てることはたくさんあると思った。そこでまずはカンボジアで〝カウンターパート〟を探すために、国立病院の耳鼻科を見て回ることからはじめた。

カウンターパートとは、僕の医療活動を受け入れてサポートしてくれる現地の医師のことだ。海外からやって来た僕がどれだけやる気に満ち溢れていて技術と知識があったとしても、簡単に手術をやらせてもらえるなんてことはもちろんなく、現地の病院と繋いでくれる医師のサポートが不可欠なのだ。

カウンターパートは1つの国に1人探そうと考えていた。そこで1人でも多くの候補となる耳鼻科医と会い、僕がやりたいことをプレゼンテーションしていくことにした。共感してもらえたら会話をして、お互いのことを知り、距離を縮めていく。同時に、その病院では診察はどのように行っているのか、器具は何があるか、そしてできれば手術をしているところも見せてもらう。

その後は、自宅に行かせてもらったり、オンラインで会話する際に背景に映っている部屋をチェックしたりして、相手が普段どういう仕事をして、どのように生活しているのか、できる限り見せてもらうようにした。

これは僕が一方的にチェックしているわけではなく、カウンターパートは信頼関係を結ぶ行為そのものなので、お互いがお互いを見ているのだ。

僕がここまで細かくチェックする理由は、お互いの考え方や方向性が合わなければ国際協力は絶対にうまくいかないとわかっているからだ。日本人医師と現地カウンターパートとのトラブルはよく聞く話で、数千万円をかけて現地に病院をつくったところ、カウンターパートに権利を全て奪われてしまい裁判をしているケースなど、良かれと思ってはじめたら悲しい現実が待っていたということがたくさんある。国際協力は綺麗ごとだけでは進んでいかない。

だから僕のカウンターパート選びは慎重に、たとえ相手から「ぜひサポートしたい」と言われたとしても、たとえば自宅のお風呂を大理石にしてそれを自慢してくるような医師は絶対にパートナーには選ばないようにした。過去には実際にそういう人がいて、自分とは感覚が絶対に合わないと思ったことがある。

パートナー選びが重要なことは国際協力に限った話ではなく、どんな仕事でもしっかりと信頼関係を結べる相手を見定めて、タッグを組まなければ物事はうまくいかないと僕は思っている。そして、信頼関係を結ぶのには時間がかかるが失うのは一瞬、ということも忘れてはいけない。

本物の信頼関係を結ぶことから全てははじまるのだ。

34 失った信頼は元に戻らないことを知っておく

カンボジアで信頼できるカウンターパートの現地医師を探していた頃に〝ある先生〟と再会した。

その先生は、僕が2008年にカンボジアで救急システムの確立のお手伝いをしていたなかで、現地のICUの先生を教育していたときに出会った、カルメット国立病院の当時の副院長だ。姿を見つけて挨拶に行くと「あー、君か。長くカンボジアに関わってくれているんだね」と、僕のことを覚えてくれていた。

再会したときは病院長になっていたので、「これはカンボジアで国際協力の道を切り開くチャンス」と思い、僕は自分が今後やっていきたい国際協力のプレゼンをさせてもらった。さらに東京にいる大櫛先生にお願いして、慈恵医大病院の耳鼻科が日本で最古の耳鼻咽喉科であり、最も多くの手術件数を誇っていることなどをオンラインでプレゼンをしてもらった。

その場にはそこで初めて会った耳鼻科医のドンチーク先生という方も同席していたので、プレゼン後に話をしてみると、とても穏やかな性格で、活動にも大変興味をもってくれた。

早速、仕事環境を見せてもらうと、器具の並べ方、パソコン内のデータ管理の仕方（フォルダやファイルが煩雑になっている医師は少なくないが、ドンチーク先生は患者のIDで綺麗にフォルダ分けされていた）が素晴らしく、「このような几帳面な人であれば、信頼できるな」と思った。

医師どうしであれば手術を一目見ればその人の性格や思考はすぐに見抜くことができるが、出会った人全員の手術を見ることができるわけではないのが現実だ。そんな場合でも、こういうところをチェックすると性格や思考がよくわかる。そこに全てが現れてしまうものなのだ。それは相手も同様に自分をチェックしていることを忘れてはいけない。

僕の経験上、こういうところで見定めた性格や思考はだいたい合っている。

カンボジアカルメット病院初訪問
ドンチーク先生への初めてのプレゼンテーション

この出会いからドンチーク先生とは2年間ほどかけてコミュニケーションを取り続け、信頼関係を深め、2012年にカンボジアでのカウンターパートの関係を結ぶことにした。

僕は基本的に、1つの国で1人のカウンターパートと関係を結び、その国での活動は全て、その人に確認を取ったうえで行動をする。たとえば、現地の他の病院から「指導に来てほしい」と言われた場合も基本は断っている。僕が現地にいられるのは限られた時間しかないいため、パートナーから「その時間があったらうちでやってほしい」と思われるのは当然のことであり、他に行くことで信頼関係が崩れることは避けたいからだ。申し訳ないと思いながらお断りする。

現在は僕を含めた10人以上のグループで国際協力に行くことがあるため「大村先生は無理でも、他の先生にうちで指導してもらえないか？」と言われることもある。そのときに日本の他のメンバーから「ぜひ行かせてほしい」と言われたら、僕のグループからは外れてもらい、僕のグループとは無関係の立場としてやってもらうようにしている。

「それはやりすぎ」と思われるかもしれないが、そうしなければ混乱を招き、時間をかけて関係を結んだカウンターパートの信頼を失ってしまう。失った信頼は元には戻らないので、そこまで僕は徹底している。

また、慈恵医大病院で実施している留学受け入れプログラム（アジアから医師を招待して学習の機会をつくる場）に現地医師から「招待してほしい」と僕に直接言われることがあるが、その人選もカウンターパートに一任していて、僕はノータッチにしている。それほどにカウンターパートの存在を重視している。

海外で医療活動をするというのは簡単なことではなく、それぐらい信頼できるパートナーからのサポートが重要なのだ。

35 自分が妥協せず、みんなが納得する形は本当にないのか？

ドンチーク先生とカウンターパート契約を結ぶ前年の2011年に、僕はドンチーク先生からカンボジアの現地病院で手術をする許可をいただくことができた。

僕は大喜びして所属先の上司にそれを伝えた。当然、同様に喜んで、背中を押してくれると思っていた。

ところが、上司からは「まだ早い」の一言で、手術の許可はおりなかった。

僕は海外で手術をした経験があるため、当然うまくできる自信があったが、若手医師である自分が上司に反論できるはずもなく、他の先輩医師に相談しても「教授がまだと言ったらまだなんだよ」という返答で、諦める以外に道はなかった。あのときは本当に悔しかった。

改めて考えてみれば、自分の働く病院以外の施設で手術をすることがリスクであることは疑いようのない事実だ。それに加えて僕は慈恵医大病院に戻って当時まだ3年目であり、「カンボジアで教育の経験はあっても手術などの医療活動はしたことがないから、まだ早い」という判断になったのだと思う。

また、当時は世の中を見渡しても海外の他施設で手術をすることは珍しいことで、世界で有名な55歳の日本人耳鼻科医が初めてタイでライブサージェリーを行ったほどだったから、そう言われても仕方がなかったのかもしれない。

だからと言って僕に「諦める」という選択肢はなかった。

アジアで医療ボランティアを続け、国際協力をしたいという思いで日本に戻っているからだ。

そこで僕はどうしたら承諾してもらえるかと作戦を練り、翌年の2012年6月に開催された慈恵医大病院の海外向け手術コースにドンチーク先生を招待して、上司の前でカンボジアの耳鼻咽喉科についてプレゼンテーションをしてもらうことにした。渡航費は全て僕が自己負担をした。

手術研修会では「ここが勝負」とばかりに上司にドンチーク先生を紹介した。上司は「え、大村がポケットマネーで招待したの？」と驚き、

ドンチーク先生（写真中央）を慈恵医大病院に招いて

ドンチーク先生を慈恵医大病院に招いて

その熱意に押されてか話を真剣に聞いてくれた。真面目で勤勉なドンチーク先生も、僕とカンボジアで何をしようとしているのか、目的は何かなど、一生懸命話してくれた。話を本人の口から直接聞いた上司は、

「この人のためだったらぜひみんなでカンボジアの現場を見に行こう」

と、あっさり許可を出してくれた。やっぱり困ったときは対面で話すことだ。こうして2013年からは慈恵医大病院の耳鼻咽喉科のチームと

共にカンボジアに行き、医療活動ができるようになった。

じつはこれ以外にも僕は時間をかけて、大学病院に所属しながら個人で国際協力に行きやすくなる環境をつくる活動を水面下で行っていた。

まずは日本国内で遠隔医療による地方の医師の教育・指導を開始し、問題になっている地域間医療格差を解消するという取り組みを前面に出し、その延長線上にアジアがあるという考え方にした。つまり、「アジアも日本の地方」という感覚で考えるようにしたのだ。

この考え方はとても良くて、「なぜアジアばかりにこだわるのだ？　日本だって医療過疎地はあるだろう」という考え方の人たちに対してわかりやすく説明をすることができるようになったことは大きい。

自分の熱い思いでまっすぐに「行きたいから行かせてくれ」というのではなく、みんなが自然と納得する形を戦略的につくることで、話がグンと前に進みやすくなるということを、このときに身をもって体験できた。

組織で働いている以上、誰もが納得する形に落とし込む戦略が不可欠であり、そうすることで関わる全員が笑顔になり、幸せになる状況をつくることができると思っている。

36 スムーズに活動するためのポイントを押さえる

どんなに高邁な志をもっていても、現地病院や医師とのコネクションがなければ国際協力を行うことはできない。

僕が国際協力をはじめてすぐの頃に、それまで所属していたジャパンハートを飛び出して、自分1人で行う医療ボランティアの道を探りはじめたときは、現地医師との信頼関係も、コネクションも、何ももっていない状態だった。

そこで僕は自分の足で各国の病院を見て回ってコミュニケーションを取ったり、カンボジアで行ったように現地のNPO団体などに片っ端からメールを送って会いに行ったり、詳しくは後述するがミャンマーでやったように学会に飛び入りで参加して歌ったりと、さまざまな行動を起こして、現地のコネクションをつくっていった。

今考えれば、コネクションをつくる方法は他にもさまざまある。最もスムーズな方法は、現地で活動しているNPOや海外青年協力隊に連絡を取り、話を聞く、または活動に参加するなどして、国際協力の経験を積みながらコネクションをつくっていくことだろう。

ただ、何をするにせよ「自分は何をしたいのか、何ができるのか、どういう国際協力をしたいのか」は考える必要がある。最初から正解を考える必要などはなくて、行動しながら修正していくことで、自然とそこも熟成していく。

医療行為を所属外の場所で行う段階では入念な〝準備〟が必要になる。自分が所属する日本の病院で手術をすることと、国内外問わず所属外の施設で手術をするのは、準備をする段階から大きく違う。まず、手術の文化が違う。

文化が違うとは、術者の立ち位置、手術に使うモニターの位置、使う薬、道具、順番、器械だしの看護師の有無など全てが違う、ということだ。その病院の中における耳鼻咽喉科の〝科としての力〟を見極め、術前にどのような準備をするのか、道具は何があるのかなど、さまざまな角度から違いを全てイメージして、乗り越える必要がある。

その中でも、比較的マネージメント可能なものと、マネージメント不可能なものがある。マネージメント可能なものとしては道具がある。僕が専門としている内視鏡下鼻副鼻腔手術というのは、硬性内視鏡という鼻の中を映す内視鏡とモニターが必須である。もちろん鼻を手術するための特別な機械も必要だ。

僕が現在、訪問するアジアの国々はモニターや内視鏡も揃っているものの、その当時は、特にラオスは内視鏡の手術機材一式がなかった。あったとしても、カンボジアではブラウン管のテレビで手術をするような状況で、4Kモニターを使用している日本と比べると雲泥の差があった。

そこで当時の僕は器具メーカーに直接交渉することにした。活動内容をまとめた資料をつくり、オリンパスやSTORZに協力いただけるようにお願いに行った。あの頃は、僕のような鼻の手術教育活動をしている耳鼻咽喉科の医師はいなかったと思う。

医師6年目そこらの駆け出しの僕にはメーカーにコネクションなどあるはずもなく、医療業界に知名度もない中での交渉だったが、企業から活動に共感していただき、無事に借りることができたことは望外の喜びだった。

僕はこのようにして完全に事前準備をしてから活動をしたいタイプだが、国際協力の現場は道具がない中でいろいろと工夫をして手術をすることに美学を感じている外科医もいないわけではない。そのような姿勢はとても大切ではあると思うものの、今の世の中はメールで簡単に連絡を取り合えるのだから、極力、準備をして道具的な不利がないようにしたほうがいいと僕は思っている。ちなみに薬剤は以前と比べて現地で手に入るようになったため、現在は、現地で調達するようにしている。

どんなに準備していても、アジアにおける国際協力の現場では予測できないことが大きく2つある。

1つは停電だ。映画「Dr．Bala」でも手術中に突然停電が起きる様子が映っている。ただ、停電は見た目のインパクトと比べれば大したトラブルではない。しばらく待てば復旧するか、または発電機が備えられているため、コストはかかるもののいざとなればそれを使えばよく、いつまでも停電が続くということはほとんどない。

もう1つは飛び入りの患者さんだ。基本的に僕が行う国際協力では手術の患者さんは事前に集めてもらい、画像所見なども含めて事前に全例共有しているのだが、「今、日本人医師が手術指導に来ている」という噂を聞きつけて、症状の酷い患者さんが、藁にもすがる思いで受診してくることがある。

僕はそういう患者も極力受け入れたいと思っている。日本の病院のように9時〜17時まで患者を診て終わりではなく、必要があれば夜中の2時でも手術を行う。その手術も、日本であれば準備に時間を割いてから行うが、僕の国際協力は1週間しか現地に滞在できないため、ゆっくり準備に時間をかけていては多くの患者を診ることはできない。日本と異なる過程で、そして異なる方法で、成功させなければならない。

このように患者のためにできる限りのことをやるという姿勢こそが、僕がその国を支える医師たちに何よりも伝えたいことなのかもしれない。そもそも、僕の国際協力は自分から進んでやらせてもらっていることだ。できる限りの準備と努力で応えたいといつも思っている。

37 言語の問題は工夫で乗り越える

僕がこれまでに医療ボランティアで訪問したアジアの国々（ミャンマー、カンボジア、ネパール、タイなど）の大半は英語が通じるため、現地の医師や看護師とコミュニケーションを取ることができて、さして大きな問題もなく活動をすることができた。

ただ、ラオスだけは英語が一切通じずにラオス語のみだったので、非常に大変な経験をした。

ラオス語が話せない僕1人では医療活動ができないので、ラオス人の通訳を入れた。「これでひと安心――」と思ったら、そんなことは全くなかった。

通訳を入れれば言葉の問題は全て解決する

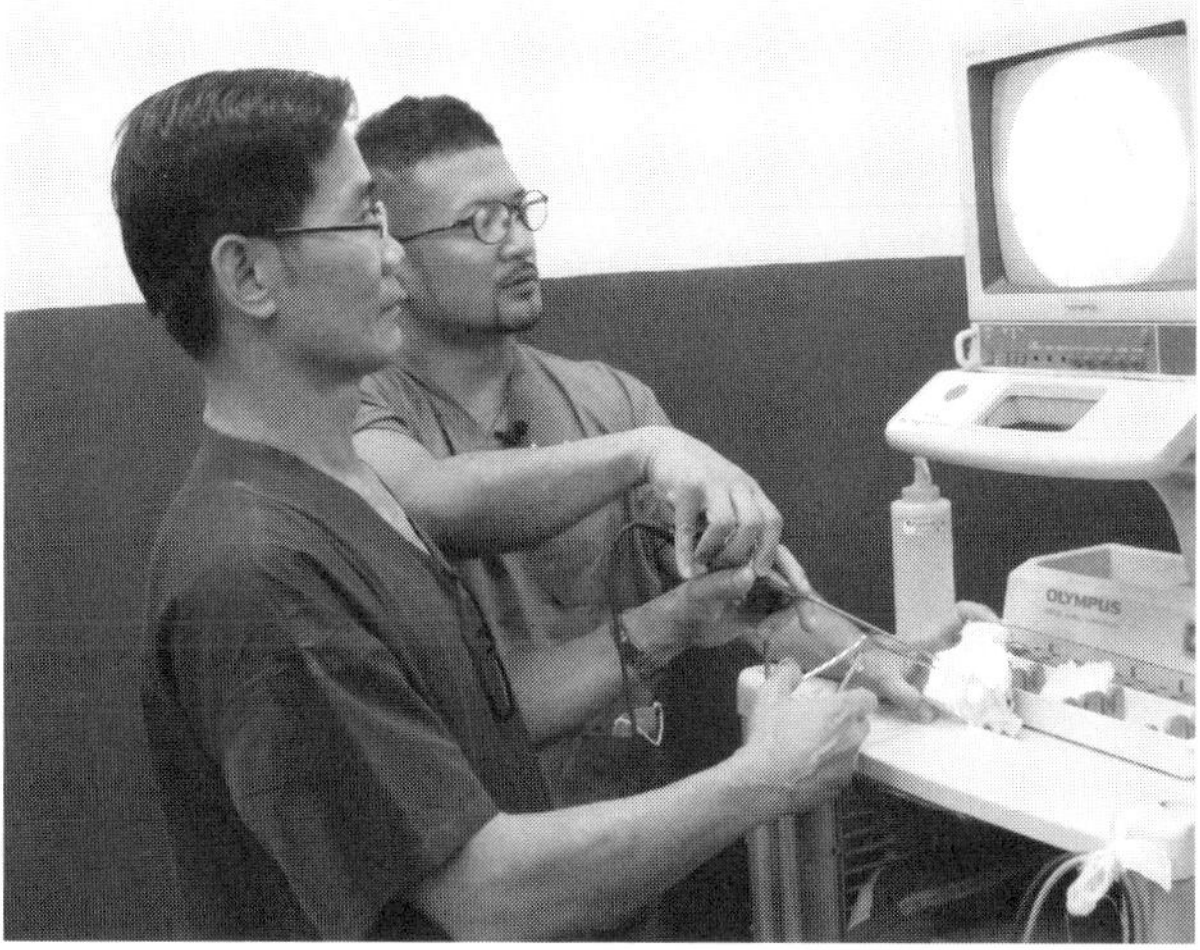

ラオスで内視鏡の技術指導

と思っていた僕が甘かった。というのも、僕が30秒ぐらいの時間をかけて説明したことを通訳は勝手に意訳して、5秒程度に短縮して相手に伝えることがたびたびあったからだ。こういうときに「だいぶ短くなってる気がするけど、プロの通訳だからきっと大丈夫か」と軽く考えてはいけない。「おかしい」と思ったら、僕はすぐに本人に聞く。

「あなたは勝手に意訳していないか？　僕が話したことを最初から最後まで省略せずにきちんと説明してほしい」

と伝えたところ、やっぱり30秒の話は30秒程度かかるのだった。

まだまだトラブルは続く。ラオスの手術の現場では器械だしをしてくれる看護師とのコミュニケーションにも苦労した。通訳に「上向きの鉗子はラオス語で何と言うの？」と聞いて、教えてもらった言葉を現地の看護師に

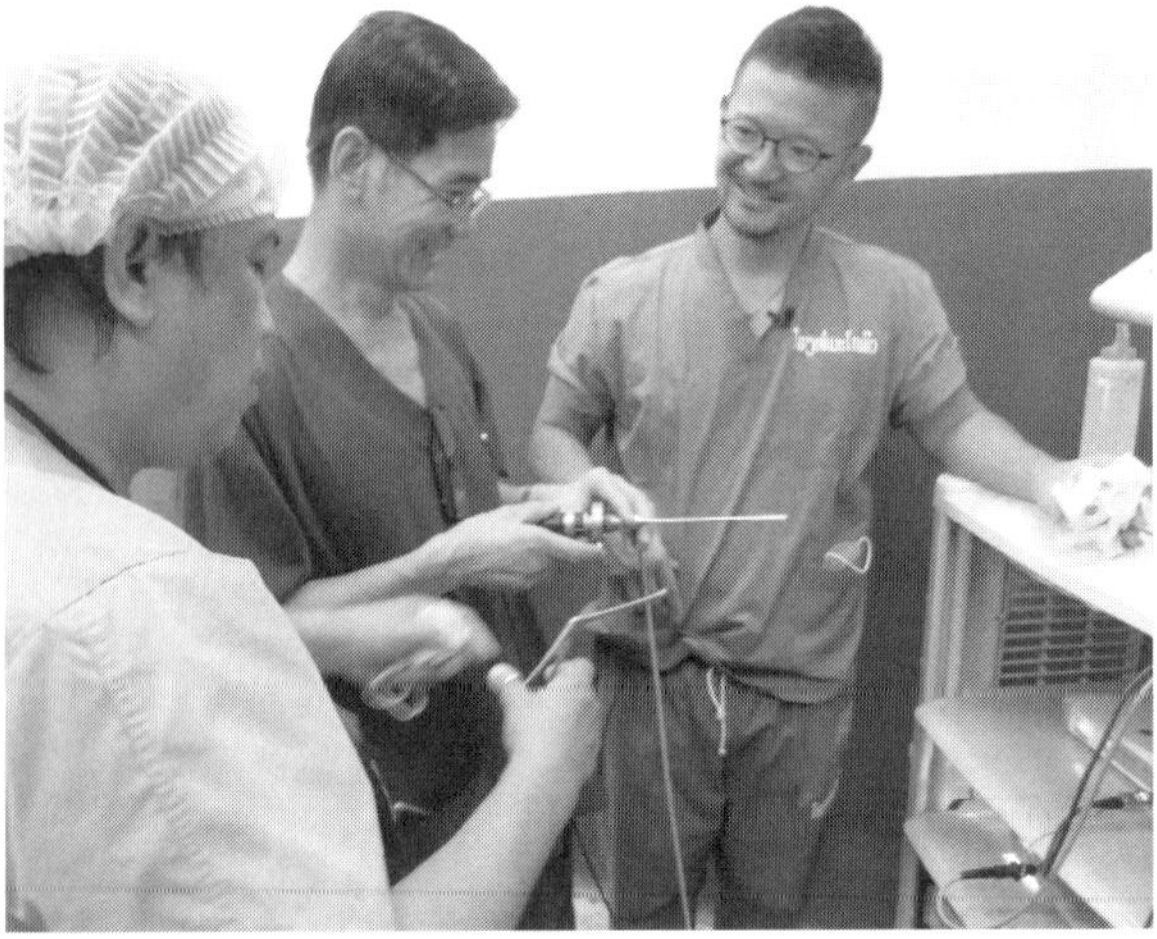
使用しているのは日本政府から寄付された内視鏡

伝えても、上向きの鉗子が一向に出てこない。何度、通訳に聞いても「言葉はそれで合っている」と言う。

作業効率があまりに悪いので、僕は通訳を介さずに現地の看護師に直接「これ（上向きの鉗子）はラオス語で何と言うのか？」と、身振り手振りを交えながら聞いてみることにした。すると、全く違う言葉だったのである。どうやら通訳が勘違いしていたようだ。

現地の言葉がわからなくても、やはり言葉が通じているか通じていないかの肌感というのはある程度合っていることがある。いつまでも違和感が残るときは直接確認することが良い、ということがよくわかる体験だった。

それからは僕が看護師から聞いた言葉を覚えて伝えたり、それに当たる言葉がない場合は現地の看護師と一緒に言葉をつくったりして、スムーズにやり取りができるようになり、良いチームになっていった。やはりコミュニケーションは直接取れることにこしたことはない。

国際協力において「通訳がいるから大丈夫」という思いこみは本当に危険だ。ただ、心配しなくても大丈夫。言葉の問題はこんな風にして自らの頭を使い、工夫することで乗り越えることができる。

38 呼ばれなくても自ら出ていく

僕にとって国際協力の〝原点〟と言えるミャンマーに再訪したのは、初めて降り立った2007年から10年後の2017年のことだった。

このときは感動的な再訪というよりも、じつは〝招かれざる客〟のような形で僕はミャンマーへと入国した。どういうことかと言えば、事の経緯はこうだ。

アジアの医師が多数集まるASEANの学会は2年に一度のペースで、アジア各国で開催されている。2015年にタイで開催された大会に僕も参加しようと学会発表の依頼を送るも返信がなくて参加できず、2017年のミャンマー大会に連絡しても音沙汰はなかった。

このままでは何も変わらないと思った僕は、発表の承諾をもらっていない状態で学会が開かれるミャンマーへと向かい、学会に参加した。

学会会場でミャンマー人医師の発表を聞いていると、マウンマウンカイン先生という人の資料に英語で「ヤンゴン1」と書かれていた。全く知らない先生だが「〝1〟と書かれているからこの人が一番偉い病院の医師だろう」と思い、その先生を探し出し、自己紹介とミャンマーの耳鼻科医と協力して国際協力をしていきたいことを伝えた。

その後もせっかく来たのだから他にも知り合いをつくりたいと思った僕は、ASEAN11か国の参加者たちの集う学会のフィナーレを飾る、数百人が集まって行われる懇親会「ガーラディナー」に参加した。

そこでは各国の医師たちが歌を歌ったり、踊ったりと、催しものが行われていた。それを見た僕はすぐに司会者のところに行き、「日本はASEANに入っていないが自分にも何かやらせてほしい」と直接交渉して、了承をもらった。

ちなみに僕は宴会芸が好きなわけでも、歌がうまいわけでもない。むしろ苦手だ。それでもここで何かをしなければ、その後に何も繋がらないことは確信していた。懇親会は最終日の夕方だったので、これが部外者である自分をアピールする最後のチャンスだったのだ。

他の国は団体で催し物を行っているが、日本人は幸いなことに（苦手な宴会芸を見られたくないから）僕1人だけ。

そこで10年前に初めてミャンマーに行った頃によく歌っていた「乾杯」をアカペラで歌うことにして、必死にミャンマー語（ビルマ語）を思い出しながら、その場にいた、かつてサイクロン被害支援などを共にしたミャンマー人の友人たちの前で確認し、頭の中で練習を繰り返していた。

11か国全ての催し物が終わり、最後に僕が追加で登場――という流れの打ち合わせを司会者としていたはずが、「はい、これで全ておしまいでーす」という何とも緩やかな〆の言葉の後に、最後の挨拶を学会長の先生がはじめようとしていた。

その状況に「これはまずい！」と思った僕は、会場の隅から、

「すみません！　日本人です！　僕がまだやっていません!!」

と大声を出して勝手にステージに駆け上がった。

これから最後の締めのスピーチをしようとしていた学会長をはじめ、会場にいた全員が「なんだ？　何が起こるんだ？」と興味を示して席についてくれたので、ここがチャンス！　とばかりに僕はステージ上で話をはじめた。２００７年からミャンマーで国際協力をしてきたこと、これから再び国際協力をしたいこと。

それらを手短かに話したあと、アカペラで1人「乾杯」を熱唱した。

すると、歌の中盤で驚くことが起こった。

現地のミャンマー語で歌ったことでミャンマーの医師たちが喜んでくれて、ステージ上に何人も上がってきて僕と一緒に歌い、さらに会場全体で大合唱になったのだ。あれはうれしかった。

ステージを降りた後は、ＡＳＥＡＮの学会に参加した各国のたくさんの医師たちと仲良くなり、連絡先を交換することができた。さらに、最初に挨拶したマウンマウンカイン先生のところに書かれていた「ヤンゴン１」というのは病院の名前であることがわかり（ヤンゴン２もある）、先生はその病院の鼻科学のトップの存在だったらしく、僕のことを面白がってくれた。その後はミャンマーにおけるカウンターパートの関係を結ぶことになり、先生の病院で手術をさせてもらえるようにまでなった。

あのときのステージを思い返すと、今でも身震いすることがある。

会場内で１人日本人の僕が「すみません！　日本人です！　僕がまだやっていません!!」と大声を出したとき。

無我夢中で、「ここで行かなければ何にもならない」と勇気を振り絞ってやったことだが、その行動を起こすか、起こさないかで、その後の道が大きく分かれたことは間違いないだろう。

39 いつかできる日は——来ない

うれしいことに、最近は国際協力や医療ボランティアに興味をもつ研修医や若手医師が増えてきている。真剣に自分の人生やキャリアを考えている彼らは僕にこう質問する。

「どのタイミングで国際協力に行くのがいいですか？」

患者のマネージメントができるようになってからのほうが良いのか？
思い立った今がいいのか？
専門医を取った後のほうが良いのか？

——僕の答えは「いつでもいい」だ。

僕が国際協力をはじめたのは一人前の医師になる前の研修医の頃だったが、それでもこうして17年間、医療ボランティア活動を続けることができている。
もちろんこれが正解と思っているわけでも、そう言いたいわけではなく、専門医や指導医になってからでもいい。
「いつでもいい」という返答に加えて、僕は「どの時点で国際協力に行ったとしても、今やれることしかできないよ」と彼らに伝えている。これは当然のことで、日本でできない手術を海外に行ったからといってできるようになるわけではないのだ。さらには海外に行ったからといって「上達のスピードが早くなる」ということもないと思っている。

では、なぜ海外に行くのだろうか？

僕の場合は、吉岡先生の講演で心が揺さぶられたことをはじまりに、日本とは異なる医療の世界に大きな興味があったからだ。たとえば薬の質が安定せずに効果が出なかったり、点滴のボトル自体が菌で汚染されていたりと、海外では日本での当たり前が当たり前ではない。そのため医師にはより多くのことが求められるが、実際に海外に行ってみたらそのこと自体が僕は楽しかったし、医師としての自分をより成長させてくれる喜びがあった。
「いつ行くか」など、いろいろと考えてしまうと思うが、何よりも大切なことは〝具体的な目的と目標〟を掲げることだと思っている。

なぜ海外に行きたいのか?

いつ海外に行き、どのようなことを達成したいのか?


これらの目標を言葉にして、より具体化することが大切だ。

「いつかやれる日が来る」とはよく言うが、漠然とそう思っていても残念ながらやれる日は来ない。


それを現在も強く思うことが多々ある。

僕は研修医や若手の医師たちに手術の指導をすることがあるが、漫然と手術をただ見ている医師が少なくない。これがいつも不思議で仕方ないのだ。なぜ細かくメモをしないのか、なぜ糸結びなど自分ができそうなことに積極的に手を挙げてやろうとしないのか。

その理由はおそらく「今はまだ時期じゃない」と思っているからだと思う。

彼らは研修医を卒業して専門医を目指す〝立場〟になれば「一人前の医師の仕事ができるようになる」と思っているのだろう。

そんなことは絶対に「ない」のに。

研修医のときにできないことは専門医になってもできないし、専門医になってもできないことは一生できないのだ。

できるようになるためには、今、やるしかない。

彼らがこのような消極的な状況に陥ってしまうのは、そもそも医師としてのビジョンが曖昧、もしくは〝無〟だからだと思う。自分が1年後、5年後、10年後にどのような医師になっていたいのか、そのために何を今から努力する必要があるのか。これからの行動をどうするのかということが、リアルに想像できていないのだろう。

僕は「友人の大切な家族を自分の手術で助けられる人間になりたい」という強烈な思いがある。その思いの差が行動を分けるのだ。

今のうちにやる。今日からやる——行動を起こさなければ〝いつかやれる日〟は絶対に来ない。

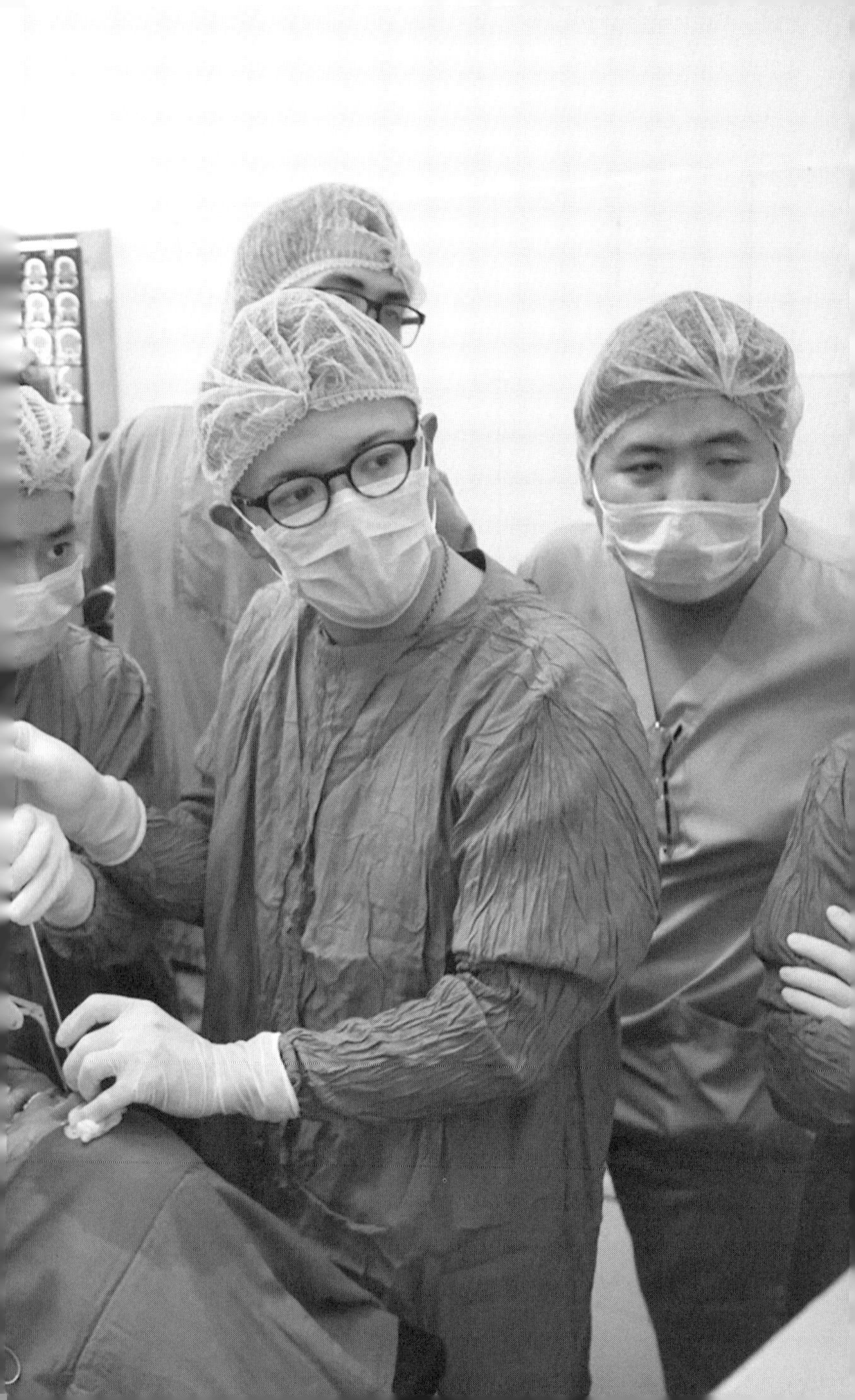

第5章 個の力を高める

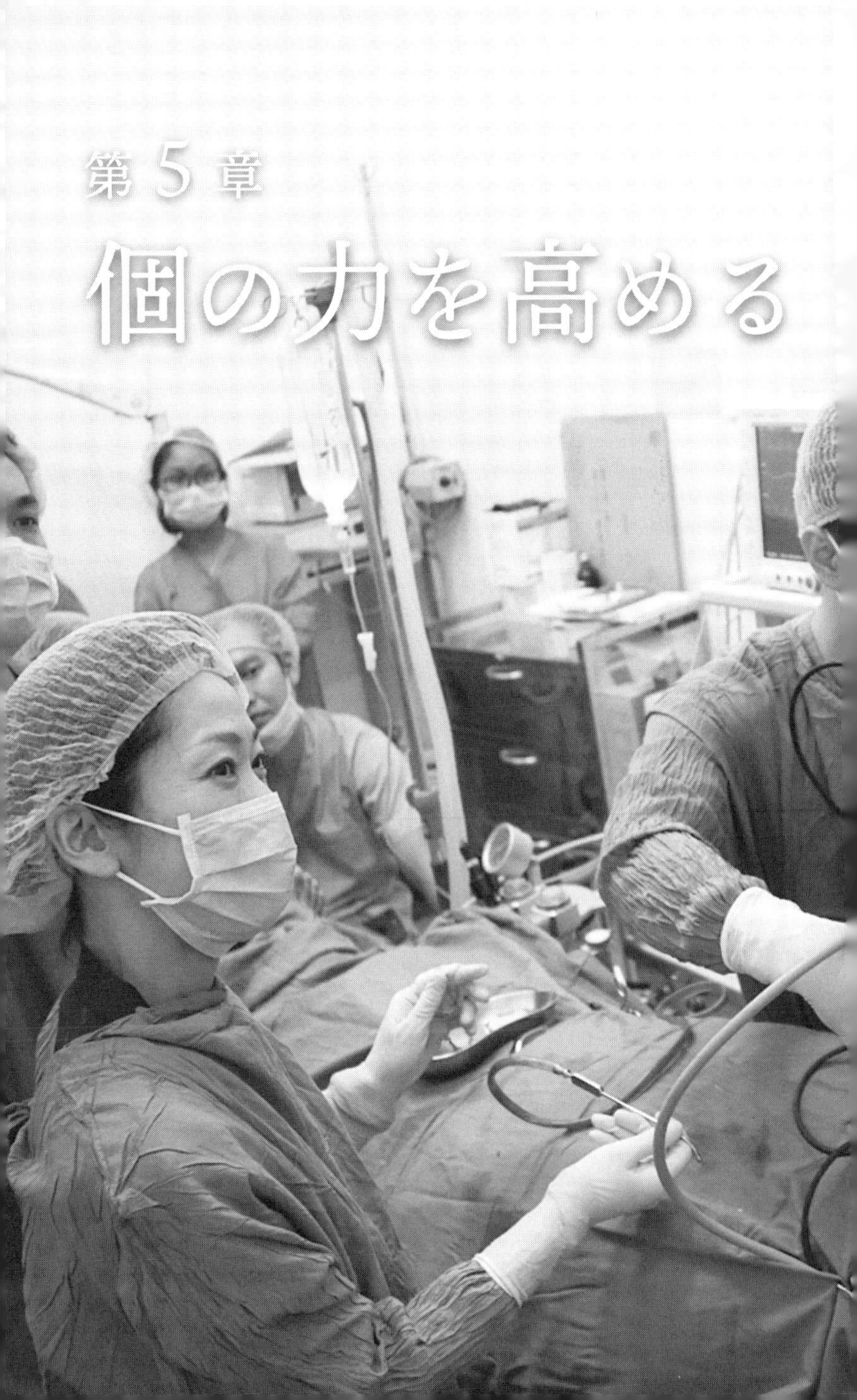

40 やるならば「1番」を目指す

5章、6章ではこれまでの僕の医師としての人生を通して、大切にしてきたことをまとめたい。

この本のはじまりの第1章「1　人生は舞台。夢を描くから、夢が叶う」の項で「夢や目標を言語化すること」の重要性を書いた。

僕自身は現在の夢や目標をどのように言語化しているかと言えば、その1つは「世界一の外科医になる」ことだ。

現在の僕は慈恵医大病院で耳鼻科医として、主に内視鏡を使って鼻の中にできた腫瘍やガンを切除する〝内視鏡下鼻副鼻腔手術〟を担当している。鼻の奥には脳や目の神経が通っていて、一歩間違えると脳の損傷や失明などの大きな後遺症を残してしまうリスクがあるため、非常に高度な専門性が求められる。

手術は学会により「技術難易度」がA〜Eまでの5段階評価で定められていて、僕が担当している手術（次に掲載する1、3、5）は、最も難度の高いランクEに指定されている。

僕はこの高難度の鼻腔腫瘍の手術を〝日本で1番多く担当している医師〟になっている。

さらに、世界でも有数の症例数であるとともに、世界で最も合併症の少ない医師でもあるため、各所より技術指導を求められる機会が増え、国内のがんセンターや他の病院だけでなく、カンボジアやミャンマーなどの海外の国立病院から招聘を受け、内視鏡下鼻副鼻腔手術のライブサージェリーによる技術教育を行っている。

他にも、アメリカ、ブラジル、インド、タイ、台湾、シンガポール、韓国、ミャンマー、カンボジア、フィリピン、イラク、ベトナムなどで手術研修会や学会での講演を行い、全世界から見学医師の受け入れも実施している。

今後もさらに技術を高め、論文を発表し、誰もが「大村は世界一の外科医だ」と認めるような存在になりたいと夢見ている。

ちなみに、僕にとっての〝世界一〟は「患者とその家族にとっての世界一の医師でありたい」という意味だ。これ

技術難易度E

1. 鼻咽腔悪性腫瘍手術（広汎切除）
2. 副咽頭間隙悪性腫瘍摘出術（経側頭下窩）
3. 上顎骨悪性腫瘍手術（広汎全摘・頭蓋底郭清）
4. 口腔・顎・顔面悪性腫瘍手術（広汎切除）
5. 拡大副鼻腔手術（内視鏡手術Ⅴ型）

技術難易度D

6. 中耳悪性腫瘍手術（側頭骨広汎全摘術）

出典：日本耳鼻咽喉科学会「高難度新規医療技術の導入にあたっての基本的な考え方」について

までもその目標を大切に歩いていたら、いつの間にか症例数が日本で1番となり、合併症が1番少ない医師となることができた、というほうが正しい。

こういう話を後輩にすると「2番目じゃダメなんですか?」と聞かれることがある。

もちろんダメではない。だが、1番と2番には圧倒的な差があることを僕は知っている。

次のグラフを見てほしい。「日本国内における鼻副鼻腔がんの手術件数」をグラフにしてみたものである。縦軸が症例数で、一番左側の最も多いところが、僕の所属する慈恵医大病院だ。「鼻・副鼻腔がん」は全国的にも症例数が多くないが、「手術数でわかるいい病院2023」(週刊朝日MOOK)が選ぶ全国の40施設での手術数の総計は461件のため、平均は約11症例になる。

詳しく見ると、症例数が最も多いのは僕が所属する慈恵医大病院の48症例で、その後は全国の名だたる施設が並び、2番目が27症例、3番目が25症例、4番目が23症例と続く。

僕がこのグラフで注目してもらいたい点は、1番と2番の病院での差である。症例数にして21症例。この症例数は5番

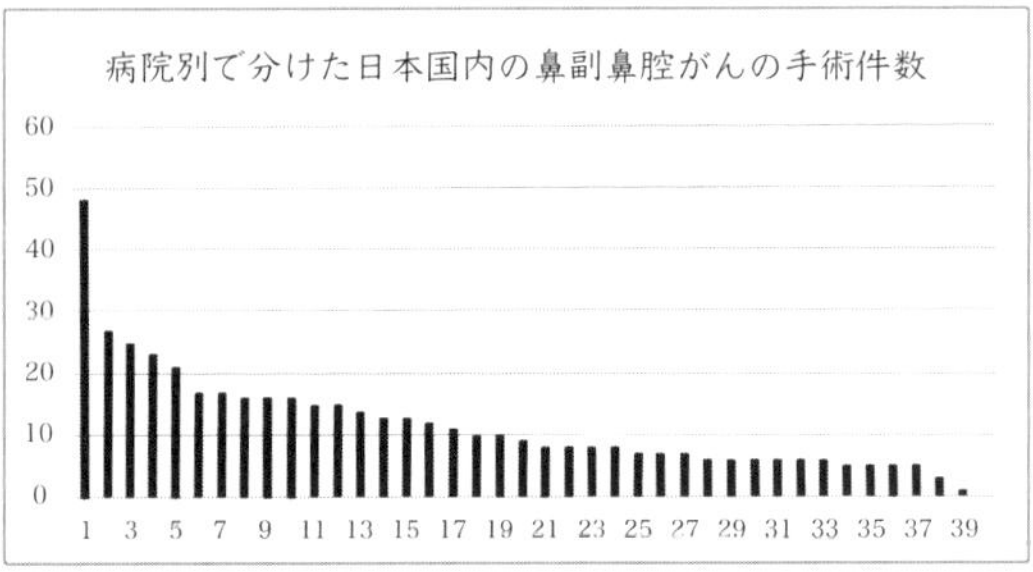

参照：週刊朝日ＭＯＯＫ「手術数でわかるいい病院 2023」

目の施設の1年の症例数と同様の数である。

なぜここまでの差が生まれるのか?

その理由は、2番目以下の病院で治すことができない難しい症例があった場合、「1番の病院に送ろう」と慈恵医大病院、つまり僕のところに患者が送られてくるからだ。国内のこの領域では僕の上に医師はいないので、僕はいつも「自分が治せなければ誰にも治せない」という強い覚悟をもって手術に臨んでいる。

1番の病院になると、他のどこの病院でも経験できないような症例が集まるだけでなく、その手術をやり切らなければいけないという覚悟との相乗効果で、1番と2番以降の圧倒的な差が生み出されていくのだ。

こういう話をすると「大村は1番でないと意味がないと言っている」と勘違いされることがあるが、そういうつもりは一切ない。

僕の父と母は東京都の町田市で開業医をしていて、地域の方々の健康を守るために人生を懸けている。それは意味がないとか、どちらが優れているとか、そんなことを考えること自体がナンセンスだ。

僕は自分の人生の舞台で「どのようになっていたいのか?」という問いかけの答えを目標にしているにすぎない。

僕は日本でトップに立ったことで、見えた景色があった。

まずは何と言っても日本で多くの患者を救うことができる。治すというまでは言い切れないのがもどかしいが、少なくとも地方の病院で診断がつかず、匙を投げられている患者さんが僕のところに来て、「うん、大丈夫ですよ。やってみましょう」と伝えると、患者は大粒の涙を流して喜ぶ。そういう姿を見ると、ここまで頑張ってきてよかったと心から思う。

また、日本で1番になると世界で有名な海外の医師と同じ学会に登壇するなど肩を並べて仕事ができるようになり、交流が生まれ、世界トップクラスの知識や知見を得ることができるし、自分の経験を提供できるようになる。

これはちょっとした裏話になるが、日本の技術力は、少なくとも僕が専門とする鼻科の領域では海外よりも圧倒的に優れているため、僕がやっていることをそのままプレゼンしても、なかなか信じてもらえないことがある。そのため、彼らの土台となっている技術レベルを理解して、それに合わせて説明をすることがとても大切なんだということを痛感している。

僕はこれからもさらに努力を続け、「世界一の外科医になる」ことを夢見ている。

41 「1番」と言ってもいろいろある

僕の夢は「世界一の外科医になること」だ。

言葉にするとシンプルだが、〝世界一の外科医〟という言葉の解像度を上げて見てみると、その定義にはさまざまなものがある。症例数、論文の数、手術のスピード……と、考えはじめればきりがないほどに。

これらの数ある要素の中で、僕が最もこだわっているものの1つは〝手術が美しい〟というものだ。美しい手術の僕の定義は、手数が少なく鋭的な操作であることである。

手術は人間が行うものだから、当然ながら誰がやっても同じものではない。医師の手技のレベルによって大きく異なる。

たとえばメスを使って手術部位を切開する際に、メスを挿入する角度や使い方によっては擦り傷のように断面が雑に切れてしまうことがある。そうなると綺麗に切開できたときよりも治りが遅くなったり、治り方がよくなかったり、感染症を引き起こしたりするリスクが生まれる。

そういう事態を招かないために、僕は患者にとって安全で、身体に負担の少ない〝美しい手術〟にこだわっている。

僕が追い求める美しい手術が世界でもだんだんと認められるようになってきていると、少しずつながら手応えを感じるようになってきた。数年前には海外から多くの著名な教授が集まる学会で発表を行った際に、ある韓国の先生が僕の手術動画を見て、

「君の技術はアートだ」

と言ってくれたことがある。世界一の美しさを目指している自分にとって、こんなに最高の誉め言葉はない。

ただ、これだけでは「外国人の医師1人がアートだと言ってくれたから、僕が自分の手術を美しいと思っている」という説明になってしまう。そうならないために、僕が美しいとか優しいとか主観的なものをゴールにする際には「さまざまな角度から説明、評価できるようにすること」に気をつけている。

たとえば、このエピソードの他に、日本を代表する企業であるオリンパスから新製品の内視鏡モニターで流すデモ動画に「大村先生の手術動画を使いたい」という依頼をいただいたことがある、ということをよく引き合いに出す。

内視鏡モニターは手術をする際に患部の様子を確認するためのものであり、映像がより高精細で、綺麗に見えれば見えるほど医師のストレスは少なく、手術をスムーズに行うことが

できる。そのため企業が新製品を発売する際は、出血が少なく、鼻内の構造物をしっかりと確認できる美しい手術のデモ動画を使いたがる。そうすることで「このモニターは手術の映像がこんなにも綺麗に見える」とアピールするのだ。

通常、デモ動画はキャリアの長い〝教授クラスの医師〟に依頼されるケースがほとんどだ。実際に、オリンパスのデモ動画には慈恵医大病院や京都大学の先生方の動画が使われてきたが、僕は最年少で選ばれ、2017年5月から手術動画が世界で流れている。助教である僕の手術動画が選ばれることは異例のことだったが、オリンパスが「大村医師の手術は綺麗だから、自社製品の動画に使ったらインパクトがある」と考えてくれたのだと思う。

さらに現在はオリンパス以外でも、最大手の医療機器メーカー・メドトロニックや、創業120年の医療機器メーカー・村中医療器でも、僕の手術動画や画像が採用されている。

このように、主観的なものに関しては多方面から説明できるようにしないと、他の医師から「僕は君の手術を美しいと思わない」と言われてしまったときに反論ができず、不安に感じてしまう。

自分が自分を信じ続けるためにも多方面からの評価を意識しながら、僕はこれからも〝美しい手術〟を追求し、〝世界一の外科医〟を目指していく。

42 慣れていけばいい。まずは一歩踏み出そう

僕は頭蓋底手術という、非常に複雑で難度が高い手術を担当している。

頭蓋底手術は鼻孔から内視鏡を挿入して頭蓋底（頭蓋骨の底）にある腫瘍を取り除く術式だ。一度の手術時間はじつに13時間にも及ぶことがあるため、それを知っている同僚からは「よくあんなに長く手術ができるね」と驚かれる。

今では僕も当たり前にできるようになった長時間の手術だが、以前は長い手術が大の苦手だった。ここで初めて書くが、耳鼻科を選んだ小さな理由の1つに「手術時間が2、3時間で短い」というところもあったぐらいだ。かつての僕は手術が長くなるとどうしても集中力が切れてしまい、眠くなってしまうことがあったのだ。

そんな僕がどうして今は13時間の手術をできるようになったかと言えば、少しずつ慣れて、延ばしていったからだ。

医師になった最初の頃は2時間程度の手術からはじめ、それができるようになったら3時間、5時間、7時間と、少しずつ長い時間の手術を任されるようになった。僕も最初から13時間の手術を任されていたら、さすがに心が折れていたと思う。

ここで僕が自分の体験から伝えたいのは「慣れていけばいい」ということだ。

何かをはじめようとするときに〝一歩を踏み出す〟ことに恐怖を抱く人がたくさんいると思う。でも、最初は一歩とは言わずに半歩でもいいから踏み出してみて、少しずつ慣れていけばいい。少しずつやっていけばそれはいつの間にか〝普通〟のことになり、〝日常〟へと変わっていく。はじめる前の恐怖や、最初に踏み出したときのストレスはそう長くは続かないものだ。

だから、まずは何かやりたいことがあったら、半歩でもいいから踏み出してみてほしいと思う。

そうして最初に抱いた目標に一歩ずつでも歩みを進めてたどりつくと、次のステージが見えてくる。僕自身もそうで、最初の頃は13時間かかっていた手術を、今は半分以下の6時間でできるようになっている。

慣れていない最初の頃は本当に時間がかかっていたから、手術の助手に入りたがる人がほとんどいなかったぐらいだ。「13時間もの長丁場の大村の手術の助手に入れると研修医がかわいそうでしょ」と上司だけでなく僕さえも思っていたから、助手は医学生や研修医が2交代か3交代で入ってくれていた。

そもそも僕が担当している鼻の手術は1人でやることが一般的だったので、必然的に助手があてがわれることは少なく、ましてや下っ端である僕には助手がつかないことが多かった。世界の医療現場を見渡しても鼻の手術は1人でやるのが一般的なので、その当時は助手がついてくれるだけでありがたく、何とも思わなかった。

それどころか、鼻の手術にあまり入ったことのない先生たち（研修医など）と一緒に手術をやった経験は、じつは今になってとても貴重だったと思う。そのおかげで僕はさまざまな手術を言葉で説明できるようになったし、誰が助手になっても手術を完投できるようになったからだ。助手との仕事の仕方も確実に上手くなった。

どんなこともやっていけば慣れてくるし、それによって得られるメリットがきっとある、と僕は思っている。

43 集中の極限領域「ゾーン」に入るには？

僕の手術執刀時間は13時間に及ぶこともあると書いた。半日を超える時間だが、実際に手術に入ると、あっという間に13時間は過ぎることが多い。少なくとも最初の6時間や8時間は本当に一瞬のように感じる。

それを毎回当たり前のように感じているのだが、「そう感じることができない状況がある」ことも同時に経験するようになってきた。

たとえば、手術の最初の部分で初心者の後輩の指導をするとき、最初の段階で機械のセッティングなどのトラブルがあるときや、器械だしの看護師と息が合わないときだ。このようなときは、集中するまでにどうしても時間がかかってしまう。

そのような状況であっても医師は「集中できないから手術はできません」と言うことはもちろんできない。どんな状況になっても、僕は自らを整え、集中の深みへと入っていく。

その状態を見た助手が手術後の僕に「あれってゾーンですかね？」と質問してきたことがある。それがきっかけで過去にゾーンについて少し調べてみた。

ゾーンとは、海外ではフローと言われていて、高度な集中ができて、時間感覚が歪み、長時間も一瞬に感じることや、自分の感覚が研ぎ澄まされて、その活動自体が苦にならないような感覚だと言語化されていた。他にも条件などは書いてあったが、ここでは割愛する。

確かに僕が感じている感覚と非常に近いかもしれないと思った。ゾーンというと非常にカッコつけているような感じがあってむず痒いけれど、少なくとも感覚が研ぎ澄まされて、時間感覚が歪むような感覚は毎回訪れる。

では、僕はそれをどうやってつくっているのか？

「どうやったらゾーンに入れるのか」という方法論がこの本では重要なはずなので、この機会に分析してみたい。

簡単に言えば「イメージをすること」「余計なことをしないこと」、この2つなんだと思っている。

今、この文章を書いているときは、別のインターネットのページを開いて音楽を聞いてみたり、ネットサーフィンをしてみたり……そんなことをしていたらメールが届いて読んでみたり……と文章を書くこと以外の余計なこととのオンパレードになっている。きっと文章を書く環境づくりに慣れていないからなんだろうけど、全然集中できない（笑）。

その一方で、手術をするときのイメージは詳細にできる。

手術室に入る前の更衣室での自分、白い手術着を素肌につけたときの少しひんやりとする感覚、ズボンの裾が破けているような古い生地が肌にまとわりつくような感覚、帽子が鏡の前で曲がっていないか確認してかぶる自分、サンダルを履いて歩くときの音、など挙げればキリがない。きっとここら辺は長い間やっているから自然と細かくイメージできるのだろう。手術室に入ってもそのようなイメージは続いていて、実際に僕はそのイメージ通りに動いているし、動くように意識をしている。

文章を書くことと手術をすることは、僕の中では明らかにイメージの詳細が違う。そして、ここがゾーンを考えるうえでのポイントだと感じている。

「イメージが詳細」ということは、そう感じることができるように準備をしているということだし、さらに言えば、そのイメージを邪魔する可能性のあることを排除しているということだ。この〝排除をする〟ことを僕は「余計なことをしない」という言葉で周りには伝えている。ちょっとした余計なことの積み重ねで自分のリズムを狂わせる原因にもなるからだ。

ここで僕が余計なことを最も排除した1日を例に挙げてみたい。

基本的には自宅からタクシーに乗って病院へ向かう。タクシーの中では最初から最後までの手術手順を通しでイメージし続ける。電車だと、さまざまな人がいるから不確定なことが多く起こるし、何もしていないのに隣の人に舌打ちされたりするだけで心が乱れる（笑）。

タクシーを降りて病院へ入ると、そのまま手術室に直行し、手術をはじめるときのルーティーンを行う。

まずは手術室内を確認。内視鏡やモニター、さまざまな手術道具などが後輩医師や看護師によって全てセッティングされている。この配置もケーブルやコンセントのコードの位置、器械台の高さ、さらには看護師の立つ位置まで細かく僕は指定して、毎回同じようにしてもらっている。そのセッティングを再度確認し、器械だしの看護師と使う器械の最終確認をする。

「コンセントのコードまで？　細かすぎない？」と思う人がいるかもしれないが、手術室では助手や術者が術中に入れ替わったり、ＣＴの確認をすることなどがあるので、術者の動く動線上にコードがあると足を引っかけたりして危ないし、機械が壊れるリスクもあるのだ。手術機材を置く器械台というものがあり、その高さや位置も患者が寝るベッドの高さに合わせて設定しないと、隙間に道具が落ちてしまう。延長コードに足を引っ掛けたり、道具が隙間に落ちたりする可能性は低いとは思うが、そういったことが１つ起きるだけで、集中やリズムは簡単に崩れてしまう。

この事前のセッティングは後輩医師が行う。それをきっちり全部できるようになるまで、僕は彼ら自身が手術を行う許可を絶対に出さないようにしている。何も難しいことをしてほしいと言っているわけではなく、「こういう風にセッティングしてほしい」と僕は言葉にして明確に伝えている。それすらもきちんとできない医師が、手術を正確にできるとは僕には思えないからだ。

この一連の確認を終えたら、手を洗ってガウンを着ている間と、ガウンの紐を看護師さんに結んでもらっている間に息を全て吐き切る。

そのときに「何があっても今までで一番良いパフォーマンスをする」と心の中で唱えていると、スーッと脈が落ち着いてくるのがわかる。

最後に「よし」と心の中で唱えて、僕は手術室へと入っていく。

44 うまくいかないときは深呼吸で流れを断ち切る

引き続き、〝イメージの重要性〟について書いていきたい。

最近は「どうやったらそのように難しい手術ができるようになるのですか？」や、「どうしたら新しい術式ができるんですか？」と質問されることがある。

その質問に対して僕は「頭の中でのイメージが重要だ」と伝えている。

基本的に手術というのは〝型〟があると前述したが、「その型を今回の患者に対してしっかりと使うためにはどうすれば良いのか？」「型がないような手術だったとしても病変にどのようにアプローチするのか？」ということは頭の中で事前に全てイメージをしていて、頭の中では既に何度も手術を終わらせている状態に僕はしている。

うまくいかない可能性があるところは、最低でも1つの他の方法をイメージしておく。それができていると手術に安心して臨める。もし、この方法しか選択肢がない、しかもそれが患者の命に関わるというような場合はかなり緊張が高まるから、このイメージが完全にできない場合、僕は手術をしない。

こうして〝余計なこと〟を排除して、術前にものすごく詳細に手術をイメージしてその通りにやる環境を整えていると、自ずと集中することができて、自分のミスも他人のミスも極限まで減らすことができる。その結果、ゾーンという経験ができるのだと思う。まあ、そもそも自分の感覚がゾーンに入っているのかどうかなんて正直わからないところがあるのだけれど。

最近、看護師がミス（たとえば器械だしを間違えたり、器械を探すのに極端に時間がかかったり）をしてしまう状況はどのようなものなのか、看護部の人たちと一緒にチェックする機会があった。

すると、面白いことにミスが最も起きるのは〝医師が迷っているとき〟であることがわかった。医師の迷いは看護師に伝わり、看護師の迷いを生み、ミスを誘発するのだ。

だから僕がやっている「余計なことはせず、いつも通りの流れで仕事をして、迷わない環

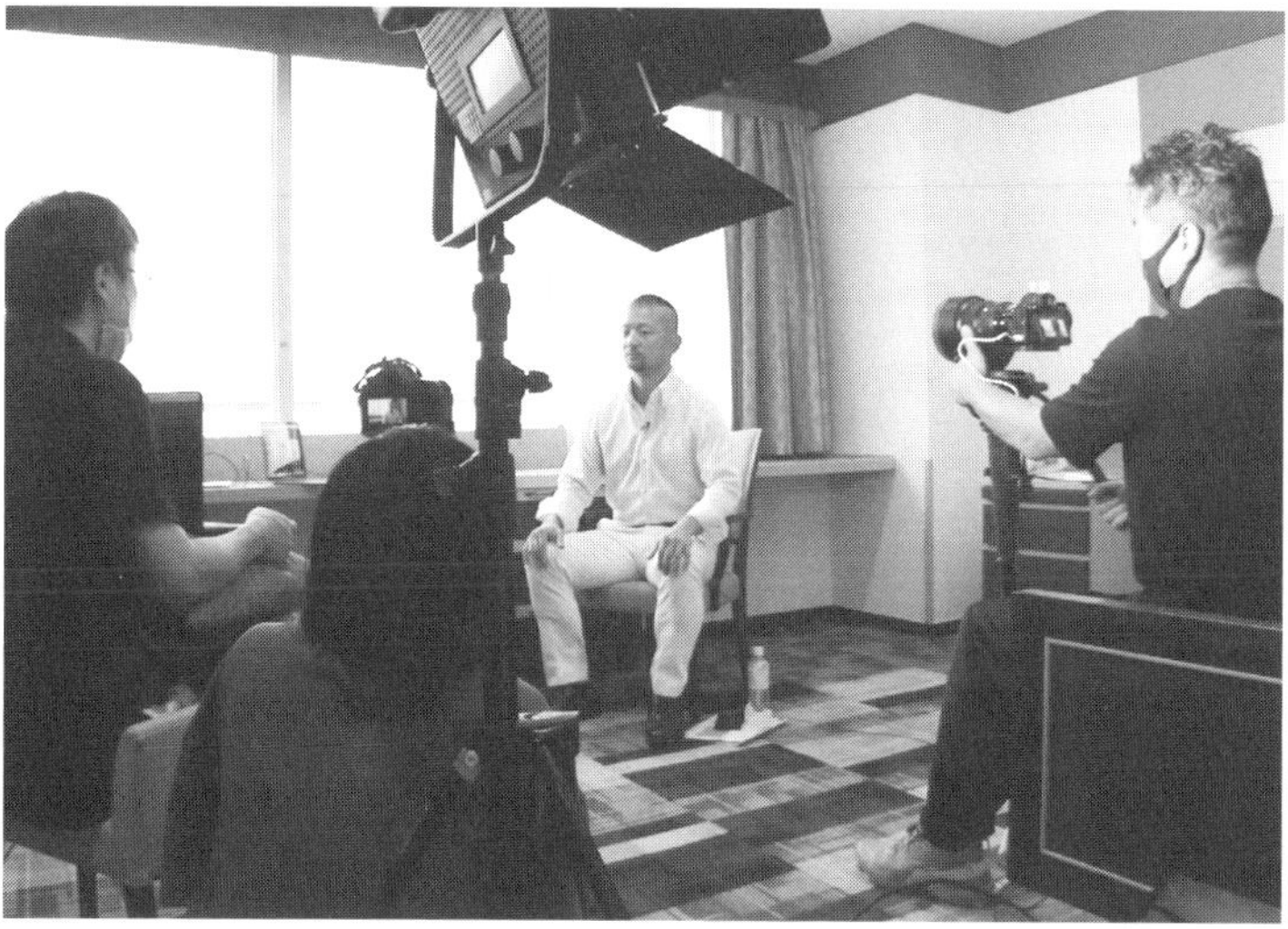

境をつくること」はミスを減らすうえで有効だと思う。

僕が迷えば看護師も迷ってミスをする。きっと逆も然りで、看護師がミスをすると医師もミスをしやすい。お互いにロボットではなく人間なのだから。そしてミスはどんどん連鎖をする可能性がある。だからこそ事前に準備のできることに関しては口を酸っぱくして伝えて、整えて、僕だけでなく全員にとってミスが起こりにくい環境をつくっている。

と、これだけ準備をしていても、困難にぶつかることもあるのがこの世界の常だ。そんなときは〝呼吸を整えること〟を意識する。

「イライラするのはやめよう」と思ったところでイライラは止まってくれない。どうしたってイライラしてしまうのだから、それは仕方のないことだ。

そこで僕はそれ自体を止めようとするのではなく、

撮影：中村力也

まずは深呼吸をする。イライラしているときは呼吸が浅く、乱れているので、そのリズムを自らの意思で断ち切っていく。

スーハー、スーハー、スーハー……

しばらくは〝呼吸のリズムを整えること〟に全ての意識を向ける。

その後に、自分が最終的に何を達成したいのかを考える。手術であれば「患者を治したい」という大きなところまでさかのぼって、そこから解像度を上げていき、現状の問題点を見るようにすると、違った角度からの解決方法を探ることができる。

これは患者に関しても同じことが言える。手術を怖がっている、不安が強い患者に対して「落ち着いてください」「力を抜いてください」と声掛けをする医師がいるが、いやいや、「怖い」「不安」なものは人間だから仕方がないことで、それなのに落ち着けと言われても無理な注文だ。

そういうときに僕は「一緒に深呼吸をしましょう」と促す。少しずつ深呼吸ができたことを本人に伝えて、褒めていく。その後は患者の呼吸のリズムに合わせるようにして処置をしていくと、スムーズに進むケースが多い。

物事の成功率を高めるためにできる事前準備や対策はたくさんある。

45 自分だけのワールドカップ

医局で書類を書いているときに、ある映像が僕の目に飛び込んできた。それはラグビーワールドカップ2015のニュースだった。

ホスト国の日本は過去ワールドカップ7大会で1勝21敗2分け。対戦相手の南アフリカは優勝2度を誇る超強豪国であり、下馬評では当然ながら南アフリカが圧倒的有利だった。だが、対戦がはじまると日本代表はホームの歓声に後押しされ、ジャイアントキリングを起こし、勝利を収めた。日本中に感動の嵐が巻き起こっていた。

僕は手術がありオンタイムで試合を見ることはできなかったが、夜中の再放送で選手たちのヒーローインタビューを見ると、誰もが口々に「この日のために死ぬ気で練習してきました」と言っていた。

これを見て、僕は2つのことを感じていた。

1つは、世界で戦うアスリートだって毎日死ぬ気で練習している、ということ。もう1つは、その辛い練習は勝ってこそ、自分の中でも、他人の中でも意味をもつということ。

言い方が厳しいのかもしれないが、死ぬ気で練習してきたことと、奇跡的な大勝利を起こしたことが〝重なった〟からこそ、こんなにも多くの人が感動をしているんだなと思ったのだ。

それを思ったとき、世の中は残酷だと思いながらも、「自分の仕事だったらどういうことになるんだろうか？」と考えてみた。

医師の仕事は患者の大切な命を預かるため、日頃から「死ぬ気で練習」、つまり医学の勉強や手術の手技の習得を必死で行うことは当然欠かせない——とは言いながらも、死ぬ気で練習というのはわかりにくい世界だ。

具体的に考えてみたい。僕の場合は、鼻の孔から脳を触るような頭蓋底手術と呼ばれる大きな手術をしたときは、必ず麻酔から患者さんが目を覚ます朝方までは病院に残っていることや、患者さんの検体を病理で検査をするときに切り出しというものを本来なら病理の先生に一任することも必ず僕が立ち会ってやってもらうことや、放射線治療の計画を立てるときも必ず同席して決めることなど、基本的に患者の治療成績が上がると思った1つひとつのことを妥協せずにやり続けることこそが、死ぬ気で頑張ることなんだと解釈している。

ちなみに、これらを全て1人の担当医がやっているという医師を僕は他に見たことがなく、耳鼻科の領域ではこれをやっている人は世界でも少ない。

こういうことをしたうえで、手術を成功させること＝絶対に勝つことが、ラグビーワールドカップにおける日本代表の歴史的勝利と重ね合わせられる部分だと、僕は理解した。

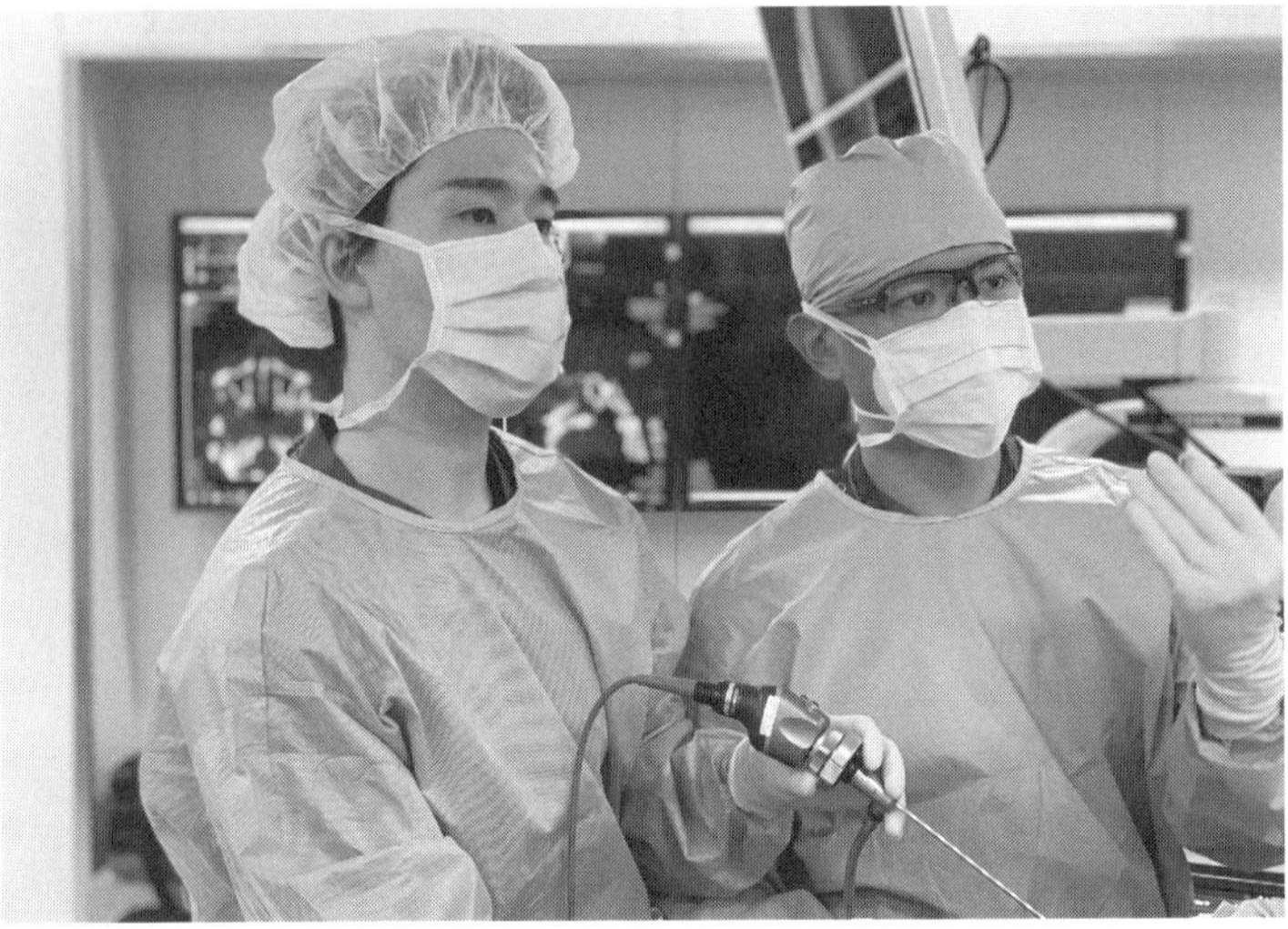

若手医師を指導する。教えるほうも教わるほうも本気

僕の夢は「世界一の外科医になること」だ。それは自分が脳内で勝手につくった「耳鼻科ワールドカップ」なるもので戦っている気持ちだ。

そこには観客もいなければ、声援もない。

僕は自分の中にこの気持ちをもつことで、1人のアスリートのような気持ちで医療に真剣に向き合っている。

46 実際に夢を達成している人に会いに行こう

僕は夢を描いたら、その夢を実際に達成している人のところに行き、話を聞くようにしている。それは夢を〝曖昧なイメージ〟でとどまらせずに〝具体的な未来〟へと変え、そこに到達するプロセスを明確にするためだ。

僕は「世界一の外科医になりたい」という夢の過程で達成したいことの1つに「世界中の耳鼻科医の前で手術のデモンストレーションをできるようにする」というものがあった。

以前、僕の上司が上海の学会でそれを実施する機会があると聞き、迷わず「現地に同行させてほしい」とお願いをした。実際の現場に立ち会うことができる機会は、自分が将来その場に術者として立ったときのイメージができる数少ないチャンスだからだ。

その現場に行くと、世界中の有名な外科医が事前準備をしていた。僕の上司も準備をはじめる。僕の役割は上司と手術手順の順番を共有し、それをうまく説明できるように準備することだ。

そうやってコツコツ準備をしていたら、その現場に世界的に有名な医師であるオーストリアの先生が入ってきた。彼は手術のデモのお手本ビデオなども世界中の先生に向けて販売している著名人である。会場中のスタッフが慌てて対応している様子がこちらにも伝わり、場の雰囲気が一気に変わった。

その先生の出番は夕方で、時刻はまだ昼前だった。

「なんでこんなに早く来るんだろう?」と思ったのは僕だけでなく運営側スタッフも一緒で、「まだ時間があるので、お昼ごはんでもいかがですか?」と勧めていた。だが彼は「ちょっと待ってくれ。まずは会場を見せてくれ」と言い、会場の中へ入っていき、そこで会場の雰囲気、カメラや照明の台数、設置場所を細かくチェックしはじめた。

さらに、通常のライブサージェリーでは運営側が複数のご遺体の中から「こちらでお願いします」と指定されることが多いが、先生はご遺体の状況も全て確認して、自分の手術が最もやりやすいご遺体を自分で選ばれていた。

全てのチェックが終わると、ようやく昼食会場へと向かった。

何百回と実施経験があり、慣れているライブサージェリーにもかかわらず、「世界トップクラスの外科医はここまでやるのか、準備に余念がないのか」と、僕は強く感動した。ここまで準備をしなければいけないんだということがとてもよくわかったシーンだった。一方で世界には、直前に来て、その場のノリみたいな感じで手術をする人もたくさんいるので、それはそれで勉強になるものだ。

他にも、実際に世界トップクラスの外科医に会うことで勉強になることはたくさんある。

たとえば僕は、ある有名なオーストラリアの耳鼻科医に「世界一の外科医になるためにはどんなことが必要？」と質問をしたことがある。するとその先生は、発表する学会のリスト（世界中に膨大な数の学会がある）の中で、どの学会に一番焦点を当てて、さらにその学会でどの疾患ならこのくらいの程度の規模の症例数の発表をするなど、本当に細かいところまで具体的にアドバイスをくださった。

この経験をきっかけに、自分も目標を達成するための戦略について、もっともっと詳細なイメージをつくらないといけないと

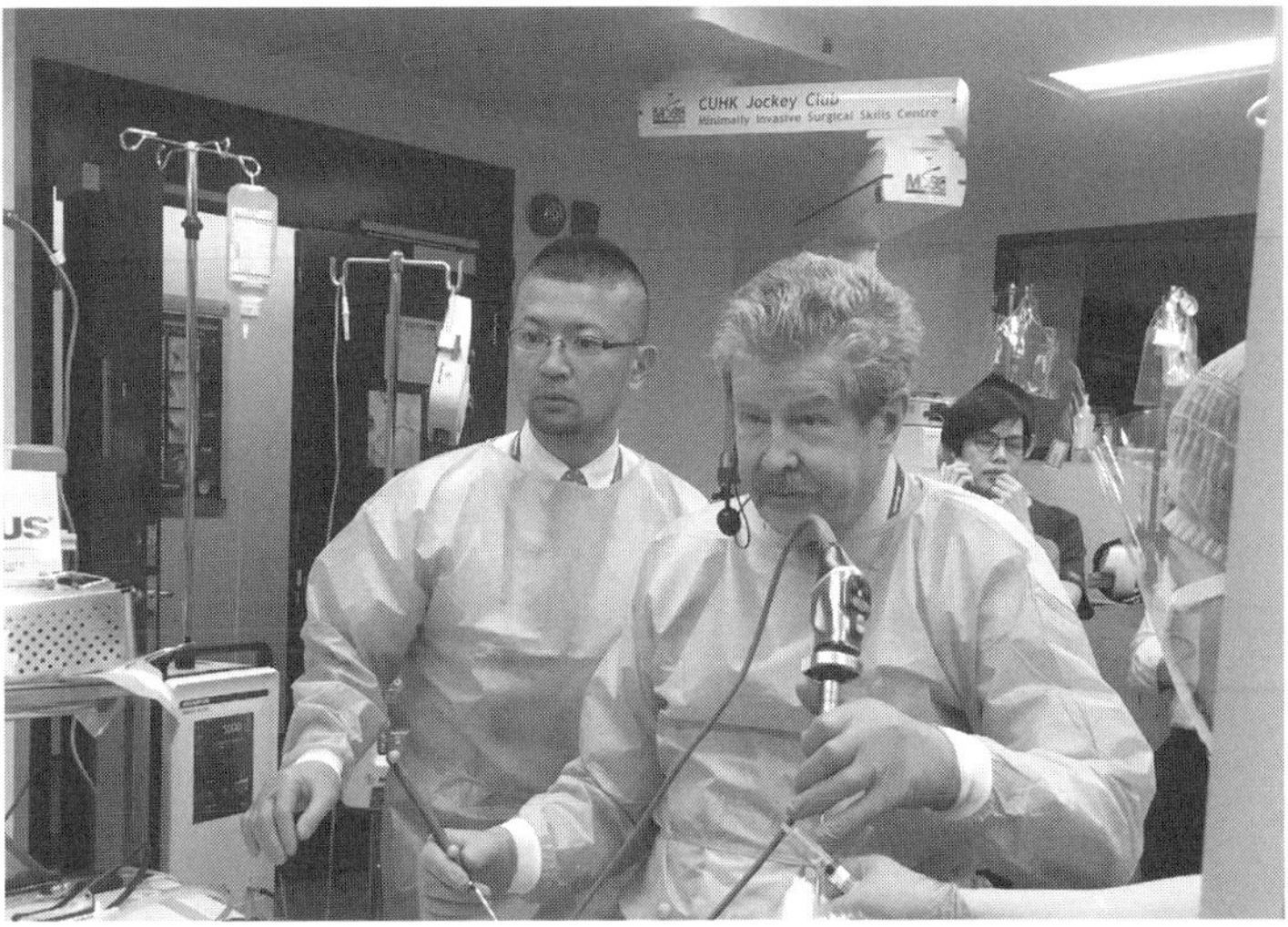

隙を見て著名な先生の助手に入って勉強

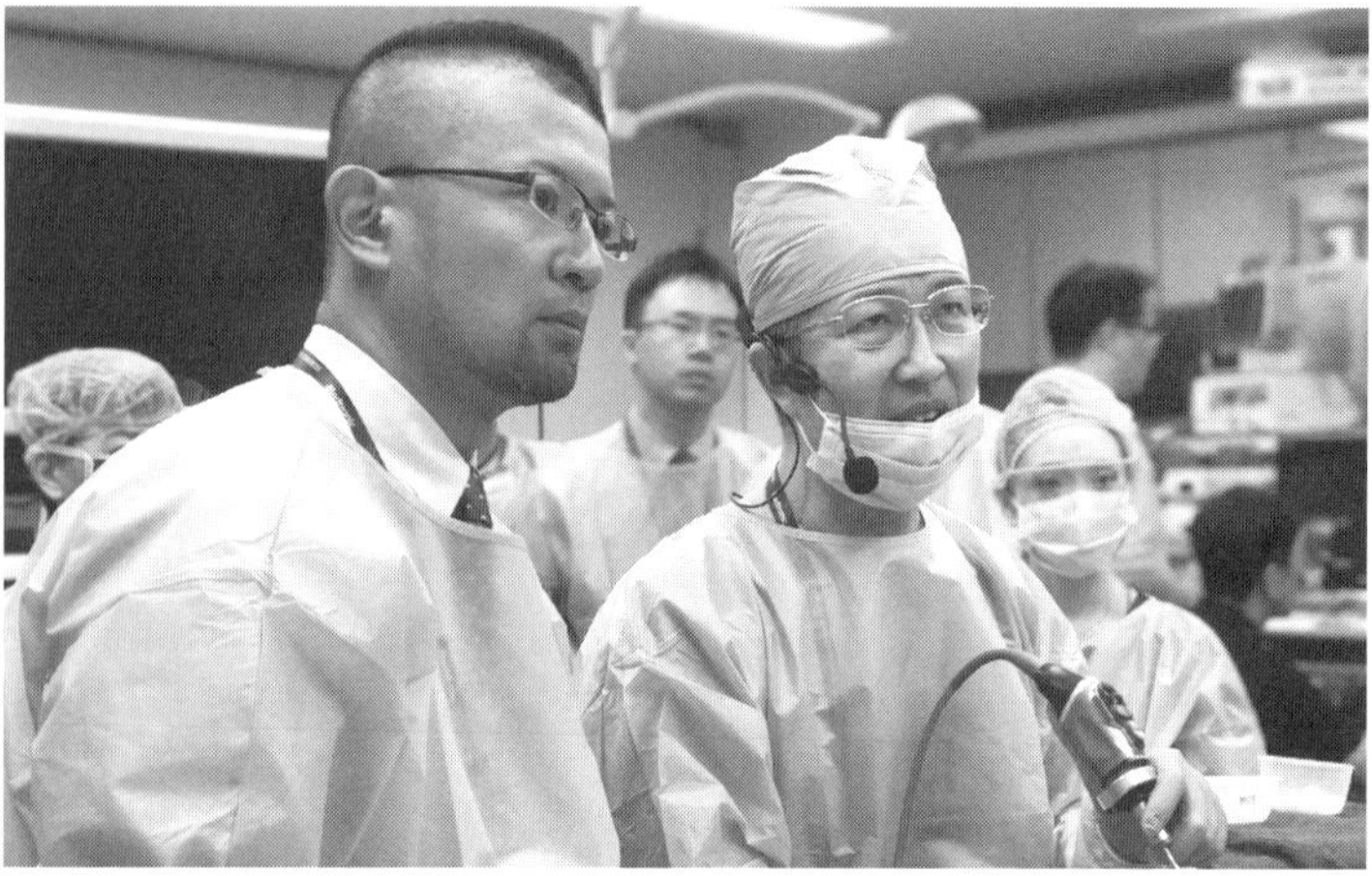
ライブサージェリーの現場に参加したときの様子

思うようになった。この経験による意識の変化は、僕が「世界一の外科医になる」という夢を叶えるうえで、非常に〝大きな一歩〟だったと思っている。

自分自身の目で〝夢を達成した人〟を見なければ、僕は具体的に今の自分を変えることはできなかっただろう。

当時は「頑張ってさえいれば上にいける」と漠然と思っていたところがあった。毎日頑張って臨床をやって、目の前の患者たちを助けていれば、その延長線上に世界一が見えてくるのかと思っていた。もちろんそれを間違いとは思わないが、それだけではダメだということがよくわかった。

これは何も医師に限った話ではないだろう。

たとえば、子どもが「プロ野球選手になりたい」という夢を描いたとしたら、機会があれば絶対にその夢を叶えたプロ野球選手に会いに行ったほうがいい。それが難しければ、プロ野球選手が書いた本を読んで、自分と同じ歳の子どもの頃にどんな練習をしていたか、どんな目標を立てていたかを調べることをお勧めする。

「ホームランを打ちたい」「スタジアムで歓声を浴びたい」という〝曖昧なイメージ〟ではなく、夢を叶えるための〝具体的な未来〟を頭の中に描いたうえで、それを実践することや、日々努力することが大切だと僕は思っている。

47 YouTubeを見るだけで、できた気になってはいないか？

僕の人生に最もポジティブな影響を与えてくれた存在は、誰よりも長きにわたり僕の〝師〟であり続けてくれている医学部専門予備校ＹＭＳの創設者である市川剛先生だ。今も息子のように僕のことをかわいがってくれて、家族どうしの付き合いもある。

市川先生はとてもユニークな方だ。

僕がＹＭＳに通っていた当時、世の中には学力を上げることを第一に掲げる医学部予備校が多かった中で「医はサイエンスによって支えられたアートである」と謳う異色の存在であり、数学や英語などの学科だけでなく医師としての心を育む授業をいち早く取り入れていた。僕はＹＭＳに通うこと自体が面白くなり、さらに勉強に集中するようになっていった。

市川先生は予備校の創設者であり、数学の先生だが、じつは他にもさまざまな〝顔〟をもっている。過去には「イランで焼き芋が流行る」と聞き、日本の焼き芋屋さんに弟子入りをして、実際にイランに行って焼き芋屋をやっていたこともある。とんでもない行動力の持ち主だ。

僕がＹＭＳを卒業して大学2年生の頃には、市川先生は「うちの塾は生徒を医学部に進学させることはもうできる。今後はさらに良い医師を育てることに取り組む」と突如言い出し、周囲の大反対を受けながら体験派医療マガジン「Lattice（ラティス）」を創刊した。当然ながら予備校代表である市川先生には雑誌を創刊した経験も、編集の経験も全くない。それでもやりたいと思ったことはとてつもない行動力と、まわりを巻き込む力で必ず実現するのだ。ラティスの企画で僕は、中村哲先生との座談会、ベトナムで眼科をされている服部匡志先生、医師・国際協力師の山本敏晴先生など日本を代表する国際協力に従事されている先生方や、千葉大学学長（当時）の古在豊樹先生、国立長崎原爆死没者追悼平和祈念館や平等院鳳翔館を手がけた建築家の栗生明さんなどにも講演会で会わせていただいた。他にも、パッチ・アダムスの施設ゲズンドハイトを訪問する企画など、僕に面白い経験をたくさんさせてくれた。

僕が市川先生から何よりも影響を受けたのは、〝創造力〟と〝行動力〟である。

将来のビジョンを信じながら、1つひとつそのビジョンができ上がるまでの道を自分でつくり上げていく。医学部進学予備校として日本で1番の成績を長年キープしているだけでなく、焼き芋屋や雑誌創刊、さらに今は「アジアを医療で繋ぐ」というビジョンを実現するために本当にさまざまなことに挑戦され続けている。

まわりが何を言おうとも、圧倒的な創造力と行動力で道を切り開き、その結果、最終的にみんなを幸せにしている。市川先生の背中を見て、その行動のサイクルを目の当たりにできたことは大変恵まれていたことだったと思う。

そんな市川先生がいつも口にしているのは、

「やってみないとわからない」

という言葉だ。

最近はインターネットで調べれば簡単にさまざまな情報が入るようになっている。昔なら本当にやってみないとわからなかったことが、やる前からあたかもわかったような手順が入ってくるため、多くの人が情報に溺れている。

医療の手術技術でもその流れは間違いなくあり、多くの医師が溺れているように見える。現在は手術技術を学ぶツールはＹｏｕＴｕｂｅも含めてかなり多様化しているため、まずはそれを見てみるのもよいだろう。確かにそれらを見ればだいたいのイメージが掴めるようになるのは事実だと思うし、僕も恩恵に授かっている。

ただ、やはり対面での手術見学や指導を受けると、格段に情報量が違うことに気づく。手術の準備から片付けまでといった裏側や、術中の決断の速さ、合併症をめぐる内容など、ＹｏｕＴｕｂｅには載っていないものも多々ある。

実際の現場に立つことで、ＹｏｕＴｕｂｅでは感じることのできない〝世界〟が膨大に広がっていることに気づく。リアルの情報量は映像とは比べものにならない。

その気づきから学び、工夫し、技術は向上していく。そうやって自分のチャンネルを増やしていくことで、あらゆるレベルが上がっていく。そもそも、自分に合った技術の高め方というものがあるはずなので、僕がオリジナル術式を開発したときのように試行錯誤をすること自体が必要なこともある。

このような考え方から、創造性や高度な技術がＹｏｕＴｕｂｅだけで身につくかと言えば、それに対する僕の答えはＮＯだ。

だからこそ日本の外科医にも、市川先生のようにたくさん行動して、いろいろな人の手術を現場で見学して、成功や、うまくいかなかった症例を疑似体験してほしいと思っている。そうやって体験して知見やノウハウを積み重ねていくことが、実際に自分が「やれるようになる」ために不可欠なことだと思うからだ。

さらに言えば、手術を芸術と捉えるならば、外科医には現在の医学には存在しない世界をどうやって創造するのかということが求められていると僕は考えている。

僕は市川先生の弟子なだけあって、創造と行動あるのみだ。

やってみないとわからないし、できるようにはならないと思っている。

48 他の人の嫌がることをなせ

「他の人の行きたがらないところへ行け。他の人の嫌がることをなせ」

これは中村哲先生が座右の銘にされていた言葉だ。

1980年代からパキスタンやアフガニスタンで医療支援を行い、2000年代からは干ばつに苦しむアフガニスタンの人々を救うために土木技術を独学で学び、井戸を掘り、用水路を引き、本業の医師の枠を越えて、2019年にアフガニスタンで凶弾に倒れるその日まで、中村先生はまさに〝他の人の行きたがらないところで、他の人の嫌がること〟を続けられたのだと思う。

僕は2008年に中村先生と座談会でお話をさせていただいたことがある。だから僕もこの座右の銘を意識しながら、日本での医師の仕事も、アジアでの国際協力も続けてきた部分がある。そして、そのおかげで開けた境地がたくさんあったと思っている。

僕はこれまでに難度が高く、失敗するリスクがある誰もがやりたがらない手術を「自分がやります、できます」と手を挙げ続けてきた。慈恵医大病院の当時の鼻副鼻腔班では最年少

ネパールの奥地の泥で作った家の前で。かつて、お産がすすまないということでサポート

の耳鼻科医であるにもかかわらず、だ。それを実現するために日頃から入念に勉強と準備を行い、成功させることで、まわりから信頼され、次々と手術を任されるようになり、医師としてのキャリアを積み上げることができた。

アジアの国際協力も同じことが言える。日本の大学病院のように綺麗で整った環境ではなく、日本には当たり前に存在する器具がないアジアの医療現場では、この本に書いたようなトラブルが頻発するため、行きたがらない人が大半だ。

でも、僕はそこに行ったからこそ〝医師の原点〟に気づくことができた。

日本や欧米で現在行われている手術は高度なテクノロジーが至るところに入り込んでいることが、比較するとよくわかる。医師はナビゲーションシステムの誘導通りに手術を行い、アラートが出ればストップするなど、機械に依存している部分が大きい。もちろん、時代に合わせてそれを使いこなすことは大切だが、一方で僕は、

「テクノロジーが使えなかったら手術ができない医師には魅力を感じない」

とも思うのだ。身体の構造を知りつくし、原理を知り、研鑽を積み重ねれば、アジアのように高度なテクノロジーがない環境でも手術はできるはずだ。

それを自分自身が実践するため、僕は日本で手術をするときも常に「道具がなかったら――」と、アジアでも通用するにはどうしたらいいかを日頃から考えて手術を行っている。

最近は、新しいテクノロジーとは真逆である、100年以上前からある鋼製小物と言われている鉗子に興味をもち、使い方や新しい可能性の勉強をしている。今の日本では、鉗子は使わずに電動の掃除機のようなものを使うが、その先端部品は使い捨てで1個3万〜5万円もする。当然、カンボジアでは高価すぎて使えないので、鉗子を使って手術をすることになる。

そして、現在は永島医科器械株式会社と合同で東京都の医療機器等事業化支援助成事業に採択され、100年前からある鉗子を進化させた新しい鉗子をつくろうと、開発している最中だ。

「アナログがよくてデジタルがダメ」と言っているわけではない。

昔はそれがなくても手術ができていたのだから、若い医師には〝本質〟の部分に目を向け、学び、そのうえでデジタルをポジティブに使いこなす技術を保つ努力をしてほしいと思っているだけだ。

もっと言えば、これだけお金をかけて最新テクノロジーを使って「昔と同じ質の手術をするのがやっと」というような世界観は技術者としては悲しい。

デジタルに使われる医師ではなく、アナログからデジタルまで全て使いこなせる医師になることがベストだと僕は思っている。

第6章

人を笑顔にする

49 「心」を受け取る

僕が初期・後期臨床研修を受けた旭中央病院は〝剖検〟（亡くなった方の解剖）を日本で最も多く行っている病院だ。医師は剖検をすることで知識と知見を蓄え、その後の臨床や研究に役立てることができて、それが結果的により多くの患者を救うことに繋がっている。

僕は当時、在籍していた27人の研修医の中で誰よりも多く剖検をさせてもらっていた。剖検にまつわる出来事で、忘れられないことがある。

研修医は所属病院内では〝学生〟ではなく〝1人の医師〟として働く。その医師としての仕事の1つに患者さんに症状を質問する問診があり、僕は当時この問診が大の苦手だった。今では問診で聞くべきポイントがわかっているので短時間で効率的に行えるが、当時の僕はそのポイントがわからず、患者さんのベッドの隣の椅子に座り、2時間ほど時間をかけて話を聞くことも珍しくなかった。

あるとき、60代の男性患者がガンで入院してきた。

僕が「1年目の研修医の大村です。よろしくお願いします」と挨拶をし、いつものように

2時間ぐらいかけて要領の得ない問診を行っていたところ、付き添いの娘さんは別の病院で働いている看護師だったようで、僕の上司に「なぜ私の父に研修医を担当させるんですか?」とクレームを入れた。

ただ、僕が患者さんに対して害を与えているわけではなく、上司を含めて複数人のチームで担当していることもあり、上司の判断でそのまま僕が継続して担当をすることになった。

その後はベッドの横にいる娘さんの存在は気になりながらも、毎日、患者さんのところに顔を出していた。消化器ガンの末期だったので、お腹に水が溜まったり、便秘に悩まされたりとさまざまなことが起こるので、それを少しでも和らげたいと必死だった。そんな姿勢を感じてくれたのか、患者さんは、

「また来たのか。お前も俺と同じで出来が悪いな」

と、笑顔で僕を受け入れてくれるようになった。

研修医の僕は相変わらず寝る時間もないほどに忙しい日々で、そのなかでも頻繁に足を運んだが、状況は厳しく、病状がよくなることはなく、声は徐々に小さくなっていった。

僕は連日の寝不足で限界を迎えていたこともあり、その患者さんのベッド横の椅子に座ったまま寝てしまうことがあった。

「おーい……」

小さな弱った声が頭の奥に届く。僕はハッと目を覚まして、

「……あ、すみません。寝てしまって」

と謝ると、その患者さんはなんだか少しうれしそうな顔をしていた。

それからまたいつものように話をして、部屋を出て廊下を歩きだしたときに「大村先生」と声をかけられた。

娘さんだった。

僕はまた何か言われるのだろうか、と一瞬身構えた。

「あの……あんなに優しい顔をする父を見たことがありません。父は私にとってはずっと怖い人だったから……本当にありがとうございます」

予想外の言葉をいただいて、僕はまともな返答ができなかった。

それからしばらくすると患者さんは一言二言話すのがやっとの状態になり、ベッドサイドに座っている僕の目を見て、こう言った。

「俺が死んだら、俺の身体を解剖して勉強しろよ」

僕はそのときもどんな顔をしたらよいかわからずに、患者さんに伝わるように大きくうなずくことしかできなかった。

その数日後、患者さんはゆっくりと目を閉じ、静かに息を引き取った。

僕はご遺体の前で長い時間、手を合わせた。

これで終わりではない。最後にもう1つ、僕にはやるべきことがある。

剖検の準備をはじめた。

「この経験を医師としての力に変えるんだ」

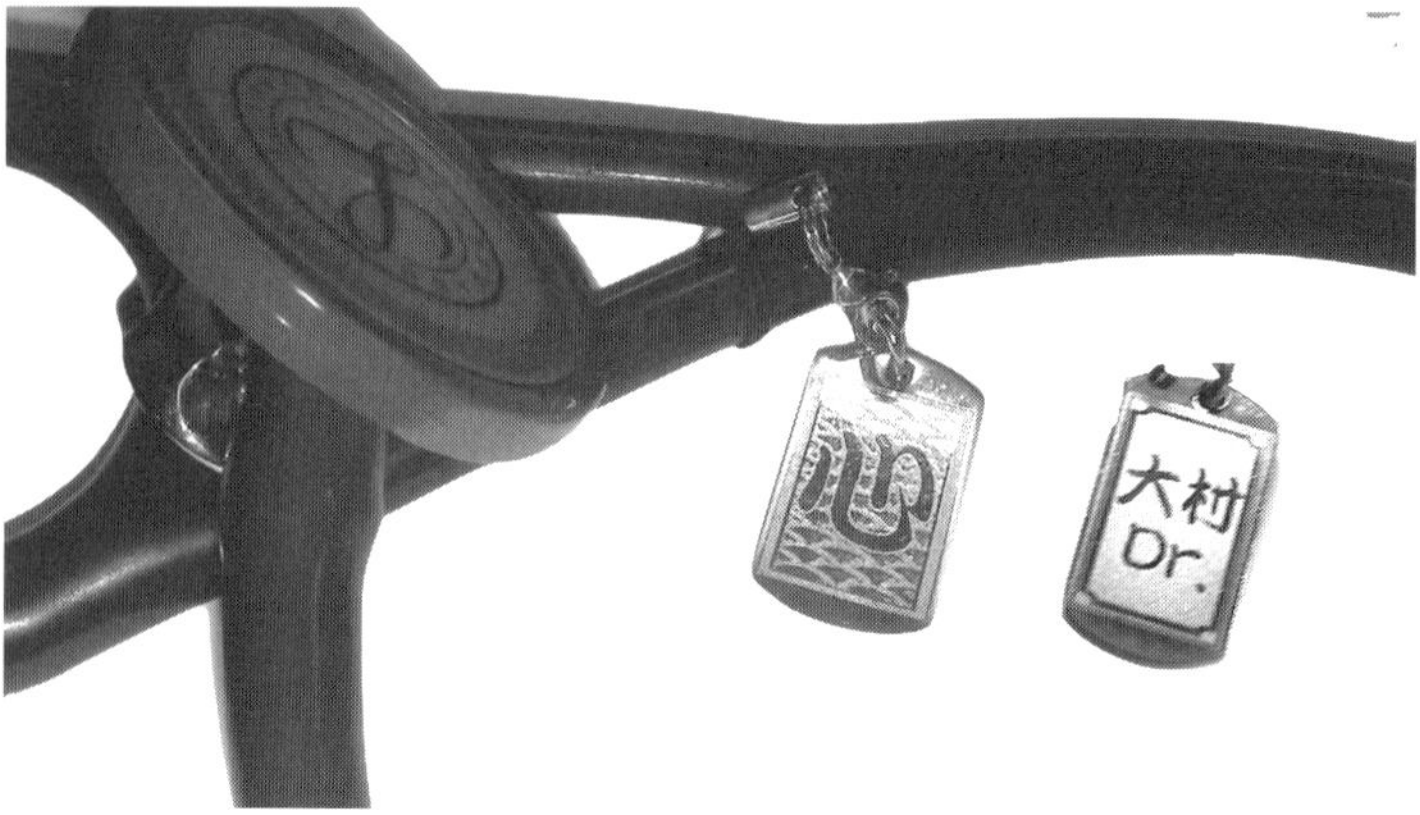

いただいたキーホルダー。医師としての“心”も磨き続ける

剖検の間、僕は心の中でずっとそう考え続けていた。

この話には後日談がある。僕がその後にミャンマーへ国際協力のために旅立つとき、娘さんが空港まで見送りに来てくれたのだ。そして、僕にキーホルダーを手渡してくれた。

「心」

という文字が刻まれていた。

僕は旭中央病院で医師としての技術とともに、医師としての〝心〟も磨かれたのだと思う。このキーホルダーを今も僕は大切にもっている。

こういった出来事の全てが、僕の今の医師としての活動に繋がっている。

50 未来ある若者の希望を支える受け皿になる

僕は17年間にわたるアジアでの国際協力を通して、たくさんの若い医師に出会ってきた。

2007年に初めて行ったミャンマーで半年間にわたるボランティア活動を無事に終え、「他の国や他の団体の国際協力の状況も見てみたい」と単身でネパールへ渡ったときもそうだ。

そこで僕は1人の若いネパール人男性医師と出会った。

彼は目をキラキラさせながら「腹腔鏡（ラパロスコピー）の専門家になりたい。その夢を実現するためにネパール首都の病院に応募した」と話してくれた。「よかったね。いつぐらいから学べそうなの？」と聞くと、「受付をしている人が100人程度いるからわからない」とのことだった。

何気ない会話だったが、僕はそれを聞いて愕然とした。

腹腔鏡のトレーニングは医師1人につき短期間で終わるものではなく、数年かかることもあるほど複雑で難度の高いものだからだ。それが100人も待っていたら、この若い医師に順番が回ってくるのはいつになるのだろうか――。

時間ばかりが経過していき、この目の輝きはやがて失われ、結局、専門医になれずに働いている未来を想像すると切なくなった。

彼の夢に触発された僕は「アジアの若い医師の希望を叶える受け皿になりたい」と思った。当時はまだ何の力もなかったけれど、将来自分の専門技術を磨き、何か彼らに対してできるようになりたいという夢がむくむくと湧き上がってきたのだ。

アジアの現地では教育することができない勉強意欲の高い若い医師を、たとえ少人数であっても日本で教えることができたら、その医師にとって、その国にとって、どんなにいいだろうか。このときはまだぼんやりとしたビジョンでしかなかったものの、いつか自分の手でアジアの若い医師を教育するプログラムをつくりたいと考えるようになった。

――この出会いから6年が経過した2013年。その夢は1つの形で結実する。

慈恵医大病院では1997年に韓国の耳鼻科医との交流会「JIKEI Korea ESS Course」が創設され、以降は毎年、この会が実施されていた。僕も2009年に慈恵医大病院で働きはじめてからその会に参加するようになり、2012年には僕の医療ボランティアのカウンターパート候補だったカンボジア人医師のドンチーク先生を〝初の韓国人以外のアジア人耳鼻科医〟としてコースに招待したことがある。

そのことをきっかけに、僕は「手術研修会の対象者を韓国からアジア全体に広げましょう」

と提案し、承諾された。翌2013年からは「JIKEI ASIA ESS Course」と名称が変更になり、それからは意欲あふれるアジアの若い耳鼻科医を慈恵医大病院に招待して、数日から数か月の研修期間を用意して、最先端の知識と技術を学んでもらう機会を創出することができている。

「JIKEI ASIA ESS Course」に参加したアジア人医師は、2013〜2019年の合計で、189名、7か国にのぼる。そして、このコースとは別に、僕のもとでアジアから耳鼻咽喉科医を1〜3か月受け入れるシステムもはじめることができた。

それを実際に体験したアジアの若い医師は僕にうれしいことを言ってくれる。

「月曜から金曜までESS（内視鏡手術）の症例を多く見学した。3か月間で50から60件以上のESSの症例を見た。目を閉じると、解剖や内視鏡のモニターやCTスキャンの夢を見た。手術中1つひとつ説明してくれ、自分もいつも質問した。日本の医師は丁寧に教えてくれ、トレーニングに集中できた」

「日本の経験があるから私たちは前に進める。大村先生たちのミッションは素晴らしい。カンボジア人が知識を共有し、一緒に学んでいける。我々はアジアのコミュニティにいて、孤独じゃない」

「海外で勉強できるなんて思ってもみなかった。これで夢が叶います」

「日本から戻ってきて、みんなすごく成長している。次は自分の番。とてもうれしいです」

技術研修に加えて、僕がアジア人医師を日本に招待する際に大切にしていることがもう1つある。それは日本の文化に触れてもらうことだ。

リアルな日本の生活を知ってもらうために僕の家に泊まってもらったり、氏神様のところへお参りに行ったりする。その他にも、餅つきや豆まきなど、なるべく僕の家族との行事にも参加してもらう。

こういうことをするのは、僕は同じ医療を行う仲間としてコミュニケーションを取ることが好きだからだ。これからもそういう交流を続けていきたいと思っている。

そして、僕も彼らとともに、あの目の輝きをもって、これからも成長を続けていきたい。

51 人を笑顔にしたいなら、自分はどんな顔をする?

僕の好きな言葉に、京都大学元総長の平澤興先生の言葉「人生はにこにこ顔の命がけ」というものがある。

この言葉で大切なのは〝にこにこ〟というところだ。命懸けだと表情は緊張の面持ちになりそうなのにニコニコしている。しかも顔だけはにっこり笑っているというイメージだ。

この言葉が本当に大事だなと痛感する出来事が、かつてあった。

柏病院勤務時代、まだ若かった僕は、後輩の医師に日々、厳しく指導していた。もちろん1日も早く彼らに成長してほしいという思いからだ。そのため、1個でも手順を間違ったりしたら「何を見てたんだ!」と叱責し、「もう君には教えないぞ」とプレッシャーをかけていた。

今振り返れば自分も未熟だったと思う。僕は耳鼻科医でトップになる目標を掲げて毎日本気で取り組んでいたので、それと同じレベルをついまわりにも要求してしまっていた。

でも、あるとき医局員たちと旅行に行って、ゴルフ大会をしたところ、僕が見たことのないほどの心からの弾けるような笑顔でみんなが楽しそうにしていたところを目の当たりにして、「あっ、彼らはこんな顔ができるんだ」と、僕はバカみたいで恥ずかしいけれど初めて気がついた。

それからは「もしかしたらこんな笑顔をしながら手術も上手くなる方法があるのではないか」と本気で考えるようになった。

そんなときにもう1つ、僕の心を揺さぶる出来事があった。

後輩医師が術者として手術を行っているときに、手術がうまくいかず僕が手術を取り上げると、そこにはどこかうれしそうな後輩の顔があったのだ。彼は「これで自分でやらなくて済む」と思ったのかもしれない。

僕の感覚ではやっている手術を上司に取り上げられることは非常に屈辱的なことで、とても悔しいだろうと思っていた。でも、それは僕の思い違いだったのかもしれない。

後輩医師を早く独り立ちさせるためにと、みんなに同じように厳しく教育をしていたのだが、そもそも独り立ちしたいのか、それをいつするのか、というのは医師1人ひとりで目標設定も違うし、上達の仕方も違うのだ。

このような経験を経て、「相手の目標設定に合わせて指導をする必要がある」ということを改めて考えはじめるきっかけになった。

それからは僕自身が絶対に守らなければいけないものは〝患者に対する治療レベル〟であり、後輩の教育に関しては、やる気を出してもらうように働きかけることに重きを置いて、

撮影：中村力也

技術を伝えるのはその後だと考えるようになった。

こう考えるようにすると、僕はとても楽になった。

最低限の厳しさはありつつも、注意の仕方や教え方の引き出しに関してはなるべく多方面からのアプローチを心がけるようにした。同じことをいろいろな角度から言い続けることも工夫するようになった。

また、後輩が悪気なくミスをしたときは「うわー、出たー」とおどけてみたり、「もう一度教えると、料金をいただきます」とふざけてみたり、確実に知識や技術は向上させる意識は欠かさずに、伝え方を変えるようにした。まぁ、これが正しいのかどうかはわからない。

でも、そうすると少なくとも今までかなり緊張している様子だった後輩医師の表情が、緊張の中にも少し楽しさが入っている表情をしてくれるようになった。

それからしばらくして、僕は「人生はにこにこ顔の命がけ」の本当の意味がわかった気がした。

自分のためでも、相手のためでもなく、そこに携わる全員が笑顔になるために〝にこにこ〟するんだ、と。

これは日本に限ったことではない。アジアでの国際協力の現場でも僕は「人生はにこにこ顔の命がけ」を意識して活動を続けている。

52 明確なビジョンを描き、行動を続ければいつか実現できる！

カンボジアの医療状況は、年々、大きく変化を遂げている。

僕がカンボジアに初めて行った2008年頃は、カンボジアの患者さんたちは治療で困ったら海外に行くという状況だった。「この国の医師たちは技術が低いから、何かあったら自分の命を守るためにシンガポールに行く」、そんなことを国民に思われているその国の医師たちに、僕は外科医としての技術と誇りを届けたいと考えていた。

その目標を達成するために僕が必要なことと考えたのは、現地の医師とお互いに尊敬の念をもち、交流を続け、最終的には現地のスタッフだけで医療が回る世界をつくる、というものだった。これは言葉にするとシンプルだが、実現するのは簡単なことではない。ただ単に手術ができる外科医を育てるわけではなく、その国の砦となる（＝その国の医療を守る）外科医を育てることだからだ。

その思いから実際のスタートまでに時間はかかったものの、2013年からは所属先の慈恵医大病院耳鼻科医療チームを巻き込みながら、カンボジアをはじめとしたアジア各国の医療現場で共に働き、現地医師の知識と技術のレベルアップに注力してきた。

――そして、そのときから約10年が経過した現在。

アジアの医療レベルは急激に上がってきている。2022年はコロナの影響で訪問はできていないものの、現地人医師は遠隔医療技術を使い、日本でも難しいと言われている鼻腔腫瘍切除の実施など、僕の教え子たちがその国の砦となってくれている。

カンボジアでは僕が鼻腔腫瘍手術を教えたカンボジア人耳鼻科医・チンマカラが、鼻腔腫瘍だけでなく日本でE難度判定の頭蓋底の手術も現地で行っている。カンボジアの鼻の難しい症例は全てマカラが担当するようになり、「マカラがいれば困らない」というレベルにまで育っている。

マカラの影響を受けて、現在は〝ネパールの東大〟の異名をもつトリブバン大学の耳鼻科医をはじめ、アジア各国の耳鼻科医がこぞって僕のところに勉強に来たいと問い合わせをくれる。

僕が国際協力をはじめた2007年とは状況が確実に大きく変わっていることを実感する。それは僕が望んだ「現地の医療は現地の医師で」という未来が確実に拓けてきている証拠であり、アジア各国が自立・自走をはじめている。

この取り組みをはじめた10年以上前に、僕が今の状態をつくりあげる自信があったかと言えばどうだっただろうか。僕はミャンマーを起点にいろいろな国で医療ボランティア活動をしてきた経験があるため、個人だけを考えれば苦戦しながらもその状況に合わせて何とかやりきれる自信があることはあった。でも、この取り組みは僕個人の成長ではなく、現地人医師の教育に非常に重きを置いているため、他者がどのような姿勢で取り組んでくれるのかということに関しては、なかなか想像が難しかった。

加えて、僕が現地に行けるのは1年のうちたったの1週間しかない。52週ある1年のうちの51週は僕がいない状況で、現地人医師が自分たちだけで手術をやり抜けるように育て上げなければいけない。1週間で習ったことを51週続けるというのはなかなか難しいことだ。

そこで僕は2つの仕掛けをつくることにした。

1つは、自分で考えてもらうように負荷をかけること。

自分で考えることは外科医として最も大切なことだと思っているからだ。言われたことをやるだけでは僕がいなくなれば何もできなくなってしまう。それでは意味がない。

具体的には、1つひとつの手技に対して自分の頭で考えて、理由を見つけてもらうことを意識して指導を行った。僕は手術の途中でカンボジア人医師に対して事あるごとに「この手技はなんで必要なの?」「これは何?」「どこまで切るの?」「その理由は?」と、細かく質問をしていった。

何度も手を止めて、コミュニケーションに時間を割く。当然、膨大な時間がかかる。うまくできたらしっかりと褒める。答えられると思う質問も必ずして、ダメ出しの指導だけには絶対にしない。

そんな風にして、同じ目線に立った〝対等な仲間〟として行動を続けていると、現地の医師が積極的に質問をしてくるようになり、看護師も自分から進んで器械だしをしてくれるようになったりと、距離が確実に近づいていくことがわかった。

もう1つは、自分が来年には今より良い場所（見学しているだけの若手医師なら助手へ、助手なら術者というようなステップアップ）に行けるために努力をしたいと思えるような〝動画〟をつくることだ。

現在、映画化されている「Ｄｒ．Ｂａｌａ」を作品としてこの世に出してくれたＫｏｂｙＳｈｉｍａｄａ監督にお願いして、現地の人たちの勇姿を撮影してもらい、それをショート

撮影：安永ケンタウロス

ムービーにしてもらった。それを彼らが見ることで自分たちの仕事に誇りをもち、気持ちを上げ、僕がいなくなった51週間もムービーを見続けることでモチベーションを保つことができる、という狙いがあった。

撮影：安永ケンタウロス

そんな仕掛けを施しながら、僕たちが滞在できる1週間は怒涛の如く過ぎ去っていった。

帰る日には現地の医師たちが全員、空港まで送りに来てくれて、「1週間では足りない。またぜひ来てほしい」と言ってくれた。このプロジェクトに参加した全員にとって最高の時間になったと思う。

その後はほぼ毎年、慈恵医大病院チームでカンボジアを訪問している。

夢の実現には時間がかかるが、その過程も、実現した未来も、全てが僕自身の生きる喜びになっている。今年できなくても、5年後できなくても、具体的なビジョンを明確に描き、行動を続けていれば、いつかできる！

53 常に変化し続ける世界に対応する

現在、アジアを見渡してみると〝国際協力の形〟は確実に変化を続けていることがわかる。その背景には世界中の誰もが簡単に情報にアクセスできるようになったことがある。以前は海外で行われる医療関係者の講演会を聞くためには飛行機代と宿泊代を払って現地に行く必要があったが、今は参加費を払うだけで、その場で貴重な話を聞くことができる。その結果、情報へのハードルが下がり、国際協力を受けるアジア側の目が肥えていっているのだ。

そうなると、何が起きるのか？

少し前は、日本では医師としての技術は二流でもアジアに行くと重宝されることもあったが、今はそういう医師が求められなくなっている現実がある。現地の医師も行きたがらないような場所であればニーズはあるかもしれないが、都心部は「一流の技術をもっている人に来てもらいたい」ということが〝普通〟になっている。

僕はアジアの国際協力を17年間続けてきて、アジアの医療レベルが確実に上がっていることを目の当たりにしてきた。前述の通り、カンボジアでは僕が鼻腔腫瘍手術を教えたカンボジア人耳鼻科医・チンマカラがいれば鼻の手術は困らないという状況になっている。これは僕が国際協力をはじめた2007年の頃には想像すらできなかったことだ。状況はそれほどに激変している。

この変化は、僕が夢を見ている「現地の医療は現地の医師で」という理想が確実に実ってきている証拠だ。アジア各国が医療の領域で自立・自走を少しずつながらはじめていて、とても喜ばしいことだ。

その状況の中で、これからアジアで国際協力を行おうとする医師は、当時の僕のような〝熱意〟だけでなく、〝高い技術〟も求められるということを忘れてはいけない。

もちろん、変化を求められるのは僕自身も例外ではない。

今後、アジアの国際協力をどのように行っていくかを考える必要がある。別の国でカンボジアと全く同じことをやるのはあまり面白くないと思っている。今、僕は44歳で、外科医の寿命は手が動かなくなる55歳ぐらいと言われているので、あと12年程度だ。その時間を使って1つの国に従事しても、できることはそう多くはないだろう。

そこで今後は、1つのアイデアとして、「アジアをみんなでカバーし合うチーム」をつくりたいと思っている。

各国から鼻に関して困っている症例を集めてもらいながら、その状況に応じて僕は夏休みでそれぞれの国を1〜2日ずつ回る。基本的な技術の教育に関しては、その国ごとにしっかりと関わる外科医が日本全国から有志で集まってやっていく。こうすることで、より多くのアジアの医師に医療技術を伝えることができて、アジアの医療発展に貢献できると考えている。

また、現在は慈恵医大病院だけで手術研修会を開催しているが、慈恵医大病院に限らずアジアの医師が来やすい場所でも研修会を開催していきたいと思っている。

まだまだやれることはたくさんある。

僕はワクワクしながらアジアの明るい未来を思い描いている。

54 「歴史のバトン」ってなんだ？　僕と曾祖父・大村能章

ミャンマーは僕に医療ボランティアの基礎を教えてくれただけでなく、もう1つ、とても大切なことを教えてくれた。それは「人間は何か大きな流れの中で生かされている」ということである。大きな流れとは、歴史の流れだったり、血筋だったりする。

そのように感じた背景には、僕の曾祖父の存在がある。

僕の曽祖父、大村能章は「同期の桜」（第二次世界大戦中に日本軍兵士の間で歌われた軍歌）をつくった作曲家であり、生まれ育った山口県には胸像や「大村能章の部屋」という展示室がある。

僕は直接触れ合ったことはないものの、幼い頃から父に「和弘はおじいちゃんの生まれ変わりだから凄いんだ」と言われ続けてきた。僕はその言葉を父から言われるたびに、生前に会ったこともない人の生まれ変わりと言われるのが面白くなかった。

父からすればとても尊敬する人だということはわかるけれど、おじいちゃんの生まれ変わりと言われるよりは「さすが俺の息子だ」と言われたほうがまだうれしいと思っていた。まぁそれも言われたら言われたで嫌なんだろうけど。

とにかく僕は「祖先は祖先、自分は自分」と思っていたので、その言葉は全く心に響いていなかった。
でも、それから20年ほどが経った2008年頃、曾祖父から「歴史のバトン」、そして「未来へのバトン」を受け取ったと実感した瞬間があった。

国際協力をはじめて2年目の終戦記念日。ミャンマーのサガインにある日本人戦没者の慰霊碑を訪れる機会があった。この地には、1944年のインパール作戦で亡くなった多数の日本人が眠っており、遺族が中心になって供養するためのお寺がたくさん建てられている。戦没者の碑に詣でたことが一度もなく大人になってしまった僕は、そこに行く数週間前から戦没者にどのような気持ちで向き合えば良いのかわからず、毎晩考えこんでいた。ただ、それまでに日本の歴史に全く触れてこなかったわけではない。大学2年生のときにはバイクで四国と九州を旅し、旅の最後に鹿児島・知覧に行ったことがある。知覧は第二次世界大戦末期に多くの若者が特攻隊として飛び立っていった場所であり、特攻隊員の遺書や遺品、関係資料が展示された知覧特攻平和会館が建てられている。

訪れてみると、当時の自分と同じ19歳ぐらいの少年兵が家族のため、愛する人のために自分の命を投げ打とうとする悲痛な覚悟を書き残した手紙が展示されていた。そのリアルな質感をもった文字が、書いている少年の姿を、知覧の地を今まさに飛び立とうとする姿を思い起こさせた。

博物館内のモニターには、人を乗せた飛行機がアメリカの軍艦に火の玉のように突っ込んでいく映像が流れていた。これらは僕の頭の片隅に衝撃的な旅の1ページとして残り、今でも鮮明に覚えている。

とはいえ、その記憶が自分のその後の行動には繋がっていなかった。「祖先は祖先、僕は僕」という考えは変わっていなかったからだ。


結局、サガインで慰霊碑を訪れる当日になっても心は定まらないまま、僕はサガインの丘へ向かった。車の荷台に揺られながら進んでいくと、遺族の日本人が建てたであろうお寺が現れた。そのお寺にお参りをするために入っていくと、その光景に驚いてしまった。

お寺の外には牛がいて、まわりは糞だらけ。お寺の中に入ってみると仏様や昔の日本軍の遺品も蜘蛛の巣や埃まみれになっていたのだ。その後も、丘の頂上までもたくさんのお寺を見たが、どれも同じようにひどい状態だった。最初は「こんなお寺があるんだ」という驚きだったが、どのお寺も同じ状況だとわかると、このお寺を建てるためにお金や気持ちを使った日本人たちがバカにされているような感じがして、悲しい気持ちと、腹立たしい気持ちが入り混じった、なんとも言えない感情に支配された。

ミャンマーではお坊さんは位が高い存在で、本来は出会ったら床に座って3回お辞儀をしなければならないが、「お寺をこんな状態にしているのであればなんのためのお坊さんなんだろうか?」「3回のお辞儀を何に対してしているんだろうか?」と、そんな気持ちになってしまい、最後はお辞儀ができなくなってしまった。

ただ、後々に僕はこのことから大切なことを学び、お坊さんだけを責めることはできないと思い直した。建物を建てるような寄付・支援は、継続的に現地に赴いたりして、その気持ちを届け続けないと、建物と同様に気持ちも風化してしまうのだ。日本政府はミャンマーに立派な建物の病院を建設していて、「これはJAPAN HOSPITALだ」と現地の人々が口々にうれしそうに教えてくれるのを誇らしく思っていたが、それだけでは足りないことがよくわかった。

サガインの丘の頂上に着くと、見晴らしの良い丘の上に真っ白な仏塔が立っていた。その仏塔の傍に小さな碑が3つあった。日本人の碑には多くの戦没者の名前が刻まれている。さっと、この丘から見渡す土地のどこかに眠っている人たちなのだろう。

その人たちを祀るこの碑でさえ、道中のお寺と同じ有様で、花は枯れ、積もった落ち葉で地面が見えないほどだった。なんという気持ちと表現すればよいだろうか。僕は釈然としない心情のまま碑を磨き、周辺に積もっている落ち葉を掃くことにした。

時間をかけて少しずつ綺麗にしていった。

少しずつ、少しずつ綺麗にしていった。

すると、自分の心が落ち着いていくことがわかった。

そのときに思い出した光景がある。

あの知覧の博物館で見た、特攻で死地へと向かう19歳の少年兵たちの顔だ。

目の前にある碑の近くに眠っている日本人兵、悲痛な覚悟をもって特攻隊として飛び立った少年兵。彼らはもしかしたら、僕の曾祖父がつくった軍歌「同期の桜」を口ずさみながら散っていったのかもしれない——。

そんな思いが僕の体内を急に駆け巡った。頭の中でそれらがパズルのように組み合わさり、胸が締め付けられるような気持ちになった。

そこで僕は自分に問いかけた。

「少年兵と同じぐらいの覚悟をもって僕は人生を生きているだろうか？――」

時間をかけて掃除して綺麗になった頃には、僕の心の靄は消えていた。

「戦没者や祖先に恥ずかしくないように生きていこう」

「日本人として自分は何をしているか、誰にでもきちんと話せる人間になろう」

そう心に決めている自分がいた。

このときに「自分は日本の歴史の延長線上を歩いている人間なんだ」と初めて感じることができた。大袈裟ではなく、〝人生に対する責任〟をより強く感じることができるようになったのだ。

僕の曽祖父が間接的に関わっているであろう方々に、日本から遠く離れたミャンマーの地で時代を超えて接点をもてたことは、大村和弘という1人の人生から大村家へ、そして日本の歴史の上を歩く人生へと昇華してくれた大きな出来事だった。

ミャンマーから帰国後、僕は山口県防府市にある展示室に行き、曾祖父にサガインであった出来事を報告した。今、僕は曾祖父が使っていた机を父から譲り受けて使っている。

この話を吉岡先生にしたところ、「それは歴史のバトンをもらったんだよ」という言葉をいただいた。本当にその通りで、この出来事はどう考えても偶然とは思えず、自分は何かに導かれていて、大きな流れの中にいる1人なんだと実感させられた。

仏塔の前で。撮影：安永ケンタウロス

55 「歴史のバトン」ってこれか！ 点が線になり繋がっていく

その後、「歴史のバトン」が僕から次の若い世代へと繋がっていると感じた出来事があった。2019年にミャンマーの学会と手術指導があり、12年ぶりにジャパンハート時代に働いていた現地の病院を訪れた。そのときにミャンマーで活動中の若い日本人医師が僕に話しかけてきてくれた。

「大村先生、はじめまして。僕が医学部の4年生か5年生のときに、先生が滋賀医大の勉強会に来られて、ミャンマーでの活動を紹介してくれました。それでジャパンハートを知り、心の中に残っていて、初期研修医の頃に〝そういえばジャパンハート〟と思って、ここに来ました。なので大村先生はじまりなんです」

その話を聞いて、急に記憶が蘇ってきた。さかのぼること約10年前——。

僕の「国際協力　第1幕」である2007〜2009年の期間にアジアから短い間ながら一時帰国している時間に、僕は「日本でできることはないか」と考え、「現場で感じた国際協力の魅力を伝えさせてほしい」と知り合いに積極的に話を持ち掛け、たくさんの大学や看護学校などで講演をさせてもらっていたことがある。僕が吉岡先生の講演を聞いて何かを感じたように、今度は自分が伝えたいと思っていたのだ。

そう、ミャンマーで話しかけてくれたこの若い医師は、そのときの僕の講演を聞いてくれたというのだ。そして、それがきっかけで国際協力をはじめ、10年後に僕の原点とも言えるミャンマーで出会う……。こんなことってあるだろうか。

まさか自分の行動が誰かの人生の一部になることができているなんて。なんだかとても温かい気持ちになった。自分の中に吉岡先生の講演が生きているように、「歴史のバトン」は「未来へのバトン」となり、こうやって次の世代へも〝思い〟は受け継がれていくものなのだと実感させてくれる出来事だった。

誰かの話を聞いて心を動かされた人が、自ら動き、今度は自分自身が聞き手から語り手になり、さらに若い世代へと繋がっていく。

最初は1人ではじめた活動も、続けていくと、点が線になり、線が面になっていく。

実際に現在、僕が主体となり行っている国際協力は、有志の慈恵医大医学部の学生が参加するだけでなく、日本ユネスコ協会とも連携する形で高校生も参加している。感性が豊かな若い人たちは、いろいろなことを感じ、涙を流すこともある。こうやって一歩踏み出して動き、現地で何かを感じることで、僕のこれまでの人生がそうであったように、彼らの人生は大きく変わっていくのだと感じている。

今後もアジアの国際協力に興味をもってくれる若い人たちが増えてくれるとうれしい。

特に若い医療関係者に対しては「国際協力を通してアジアに目を向けてほしい」と思う。医師はどうしてもアメリカ、ヨーロッパに目を向けがちで、アジアは自分たちよりも劣っているという感覚で目を背けることが少なくない。


でも、アジアで学ぶことはたくさんあるのだ。


たとえば日本を含めた医療先進国の医療費の高騰についてどう考えるか。アジアでは血を拭くときにガーゼが足りなくなるとタオルを使うこともあるが、「清潔であること」を重視する日本を含めた医療先進国ではありえないことだろう。確かに医療において清潔であることは重要だが、それを追い求めれば追い求めるほど医療費は高騰していき、そこにゴールはなく、これからもその流れは続く。ちなみに、日本の清潔の基準に満たないアジアでは合併症が起きているかと言えば、そんなことはほぼないのが現実なのだ。

勘違いしないでほしい。

僕は「アジアが正しくて、日本や欧米が間違っている」と言うつもりは全くない。そうではなく、今の自分たちの環境を「当たり前」「これが正解でアジアは間違い」と思うのではなく、日本とは全く異なる環境のアジアを見ることで「自分たちが常識と思っていることは本当に正しいのか？」「本当はもっとこうしたほうがいいんじゃないか」と自分の頭で考えられる医師になってほしいと思うのだ。

毎年、夏休みのたった1週間だけでも国際協力をすることで見えてくる世界が格段に広がる。

1週間は1年の52分の1。つまり人生のたった52分の1。

それをどう使うかは自分次第だ。

56 たくさんの笑顔に会うために僕は楽しみながら続けていく

僕にはアジアの国際協力を通して得た〝大切なもの〟がある。

それはアジアの人たちからもらった、たくさんの〝笑顔〟だ。

日本での僕は常に難度が非常に高い手術を行い、「僕ができなかったらこの患者はもう他に行くところがない」というハイプレッシャーの中で働いている。この責任は非常に重く、日々、歯を食いしばりながら闘っていると言っても過言ではない。

その環境で1年間の52分の51を闘い抜き、52分の1でアジアの医療ボランティアに行く。

アジアの人たちは人懐っこくて、距離が近くて、僕がいる日本の環境とは全く異なり柔和な雰囲気を漂わせている。生暖かい風に吹かれながら、砂埃が舞う街を歩いていると、僕は、

「生きている」

と実感することができる。

日本の東京のど真ん中で、機械に囲まれた手術室という戦場から抜け出して、1人の人間に戻っていくような、溶けていくような感覚を味わうことができるのだ。

アジアの医療活動は僕にとって〝救い〟でもある。

だから、やっぱりボランティア活動はお互い様なのだ。

夏休みの1週間、アジアで汗だくになりながら朝から夜中まで時間を忘れて一心不乱に手術をしていると、僕が医師になりたかった頃の〝原点〟を思い出させてくれる。

「医療は責任があって面白い仕事」

母が子どもの頃の僕に言った言葉が頭の中でリフレインする。

本当にその通りだ。

こんなにも責任があって面白い仕事はない。

自分がやったことで人が笑顔になってくれて、その家族や友人が笑顔になってくれて、巡り巡って自分の人生が豊かになっていく。そして僕は生きていることを実感することができる。

次にアジアに行ったときに、僕はどんな笑顔に出会えるだろうか？

それが今から楽しみで仕方がない。

僕はこれからも、1人でも多くのアジアの人たちの笑顔に出会うために、最高のライフワークを続けていく。

いつか、どこかで、この本を読んでくれた方と会うことができたら、それに勝る喜びはない。

それではみなさん、いつか、どこかで――。

エピローグ

最後まで読んでいただき、ありがとうございました。

本書では、僕が大切にしてきた56の〝流儀〟を紹介させていただきました。最初はドキドキしながらやっていたいくつかの流儀も、今や当たり前にできるものになりました。

人間は面白いもので、一度自分の習慣にできれば今度はそれが当たり前になって、次に新たにやろうと思うことが見つかります。

僕はこの流儀を続け、今後も自分の大切な人の家族を任せてもらえるような医師であり続けながら、〝難解な病気〟というイメージが強い鼻腔腫瘍と付き合いやすい世の中にするという目標に向かって毎日を積み重ねていこうと思っています。

同時に、自分の医療技術を使ったDr．Balaとしての国際協力活動を今後はアジア全土に広げようと思っています。

それは本書でも書いた通り、今までと同じことを新しい国でやるというわけではなく、アジア諸国で治療を受けるものの治らずに再発をしているような難治の鼻副鼻腔疾患に焦点を当て、各国での困った症例を手術して周るといったことを2027年までの目標に据えています。
実際にやるにはまだまだ足りないことがたくさんあるのが現実ですが、この本に書いた流儀を僕自身が実践して、1つずつ乗り越えて達成しようと思います。

最近、改めて思うことは「世の中の状況は常に変化を続けている」ということです。

コロナがこれだけの状況をつくり出すことは誰もが想像できませんでした。世界の異常気象も、戦争も、インフレも、事前に予想することはごく一部の人を除いては困難だと思います。でも、変化を続けているのは世の中だけではありません。みなさんも、僕自身も変化を続けています。誰もが今後どうなるかは未知数ですし、予想はできません。さらに言えば、わからないのは将来や未来に限ったことではなく、こんな風に本を書いて自分の人生や過去を振り返ってみても、僕は〝本当の自分〟さえもよくわかりません。それは誰もがわからないのではないかと思います。

わからないことだらけの世の中ですが、〝1つだけ〟わかることがあります。

それは「自分がどうなりたいか」という自らの〝願望〟です。

この本は、

第1章　夢を描いて動く
第2章　動いて感じる
第3章　突き抜ける
第4章　挑戦を続ける
第5章　個の力を高める
第6章　人を笑顔にする

という章構成になっています。その中でも僕が特に一番大切だと思っているのは〝願望〟の「第1章　夢を描いて動く」のところです。

本書のはじまりである「1　人生は舞台。夢を描くから、夢が叶う」にも書いた通り、未来への願望、夢の〝火種〟をもって生き

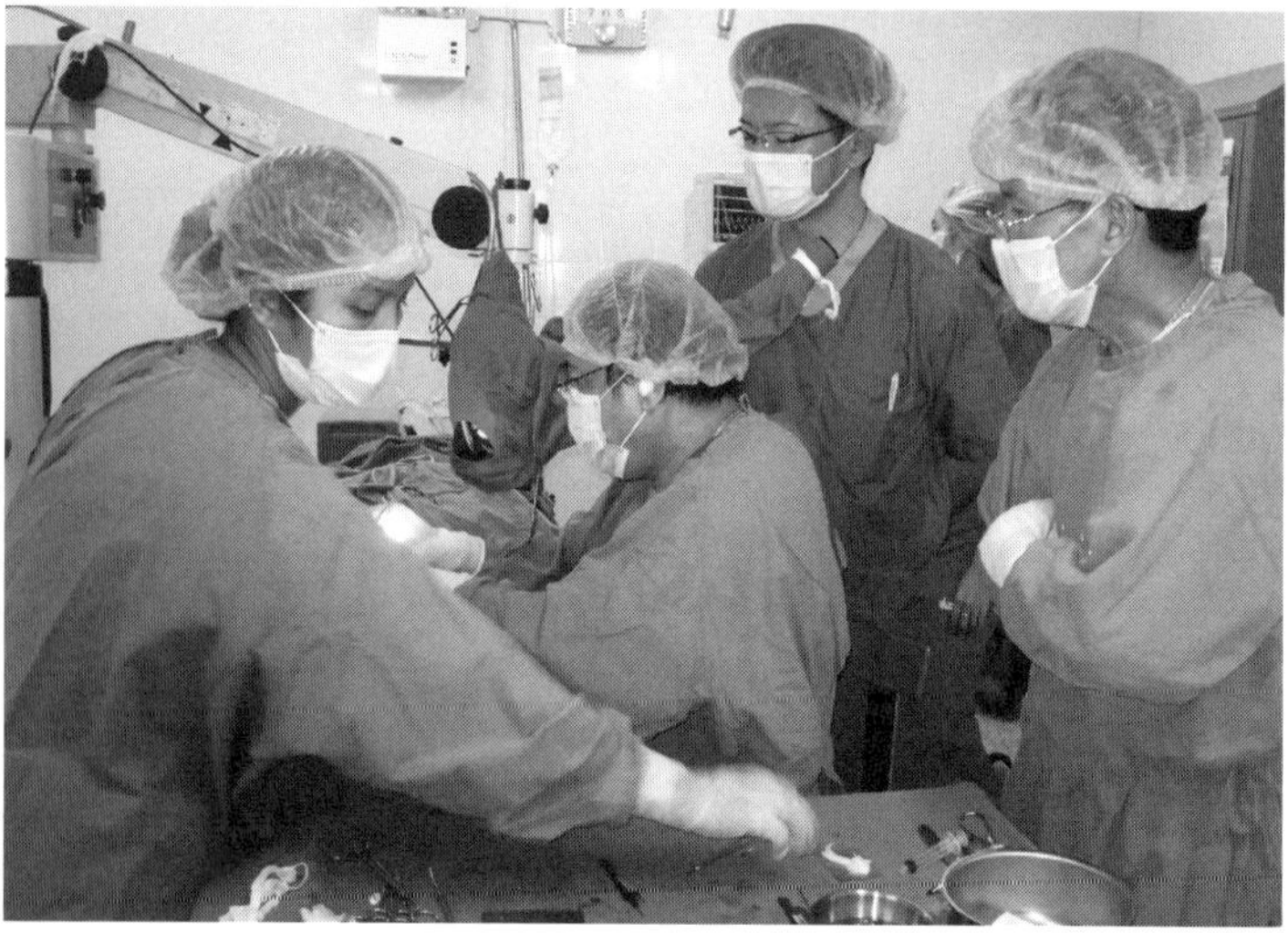

ラオスの耳鼻科の取りまとめをしている先生の手術見学。分野は違えどまずは見学

ることこそが、僕は人生においてとても重要な意味をもつと考えています。

その願望をどこまで詳細にイメージできるかは人によって異なりますが、曖昧なイメージを具体的な形に落とし込み、そこに向けて努力できた人こそが夢を掴むのだと思います。

だからこそ、この本では僕がどのように願望を抱き、どうやって実現させていったのか、という実体験をつづりながら、そのヒントをまとめることを意識しました。


未来への願望は定期的に変わっていくものなので、僕は「自分が何をしたいのか？」ということを自分にいつも問いかけています。また、いろいろな人に「今、何が楽しい？」「何を成し遂げたい？」と質問をして、人との会話にこのテーマを入れることで、自分自身も考えるようにしています。そのおかげで、これまでにいろいろな人の話を聞くことができました。

そんなことを繰り返していると、何かを成し遂げている人はみんな必ず自分のビジョンを明確に、詳細にもっていることに驚きます。さらにそのビジョンをどうやって成し遂げるかという戦略をしっかりと描いているのです。


そこまでできたら、あとは実際に行動をするだけです。

ここからはその人なりのやり方があるとは思いますが、僕は残念ながらかなり不器用な人間なので、これまで本当にがむしゃらにやってきました。そんな僕のやり方は〝誰でもできる方法〟として多少なりとも参考になるかなと思って、この本を書かせていただきました。自分の幼少期のことから人生の目標の設定まで多岐にわたる内容だったと思いますが、これらは全て、やる気になれば誰でもできるものばかりです。

僕の流儀に共感していただけたら、今日からどれか1つ数日だけでも行動に移してみていただけるとうれしいです。きっと、新たなものが見えてくると思います。機会があれば、実践してみた感想もぜひ教えてください。

撮影：中村力也

改めて、本書を読んでいただき、この本で僕と出会っていただき、ありがとうございました。

最後になりますが、このような本を出版するきっかけとなったドキュメンタリー映画「Ｄｒ．Ｂａｌａ」の映画監督で友人のＫｏｂｙ Ｓｈｉｍａｄａ監督とそのご家族、本の出版のために1年半もの間付き添ってくれた代官山ブックス社長で高校の同級生である廣田喜昭君、僕にライターの仕事の素晴らしさや高い技術を教えてくださり忙しい中も文章のチェックやアドバイスをくださった「さとゆみ」こと佐藤友美さん、いつも「世界のために頑張ってね」と家を送り出してくれる妻の芽衣および大切な家族に心より感謝申し上げます。

２０２４年３月
大村和弘

映画「Dr．Bala」を観てくださった方たちへ

映画「Dr．Bala」の中には、祈りのシーンがよく出てくる。

神社で、お寺で、そしてもう1つ、病院で看護師に手術のガウンを着せてもらっているときにも僕は祈っている。

映画を観た方々から「何を祈っているのか？」と聞かれることが多かったので、ここで答えたい。

僕はどのタイミングでもいつも〝1つのこと〟を祈っている。

「どんなことがあってもベストを尽くす自分であり続ける」

ということだ。

ベストを尽くした先に輝かしい未来があるということも祈っている。

正直、今までの人生、向かい風がかなり強いときが多かった。

新しい術式をつくるにせよ、既存の手術方法の手順を変えるにせよ、最初は必ず受け入れられなかった。

そんな中で、動物実験、解剖実験、臨床研究など、本当にさまざまな方法を使って、がむしゃ

らに結果を出すことで少しずつ世界を変えることができた。
だからこそ、僕は祈っている。
がむしゃらの先に、美しい景色があることを——。

挿絵・写真　島袋匠矢

最後に。
桜は1年のうちの数日だけ見るものを魅了します。
ぜひみなさんの数日を積み重ねることで、世界が少しでも良くなる活動へと広げていただければと思います。
そして、みんなを魅了する大きな木には、硬い地面の中を伸びる太い根が必要です。辛いときは「今は見えないところで根を伸ばしている」と自分に言い聞かせながら、みなさんの「はな」を世界へ届けることができるように心から祈っております。

大村 和弘（おおむら かずひろ）

東京慈恵会医科大学　耳鼻咽喉科学教室　講師／NPO Knot Asia 代表
内視鏡を使用した鼻副鼻腔腫瘍の手術を専門とする。

自身で開発し世界に発表している術式は多数。

日本国内では鼻副鼻腔腫瘍で困っている患者の最後の砦。

内視鏡下鼻副鼻腔手術で使用するための鉗子やトレーニングキットも自ら考案。

医療と教育でアジアをつなぐことを目指し、15 年にわたり、世界中で内視鏡を使った鼻や頭蓋底手術技術を共有している。その様子がドキュメンタリー映画「Ｄｒ．Ｂａｌａ」として上映され、8 カ国 17 つの賞を受賞。

趣味は国際医療協力と講演会。

特に小学生から大学生向けの講演会は「聴くと何か自分で行動したくなる」と好評をいただいている。岩国ユネスコ協会と共催で高校生対象カンボジアメディカルツアーも開催。

破天荒《はてんこう》ドクター ―― 常識《じょうしき》の枠《わく》を超《こ》え、突《つ》き抜《ぬ》ける！ Dr. Bala《ドクター バラー》の 56 の流儀《りゅうぎ》 ――

2024 年 4 月 1 日　初版第 1 刷発行

著　　者　大村和弘

ブックデザイン・編集補　松本えつを
編集・ブックライター・発行人　廣田喜昭
カバー写真　安永ケンタウロス

発行・発売　株式会社 代官山ブックス
〒151-0072　東京都渋谷区幡ヶ谷 3-39-12 渋谷ウエストビル 1 階
TEL：050-5435-7674
URL：https://www.dbooks.jp/

印刷・製本　シナノ印刷株式会社

ISBN はカバーに記載しています。